Business Experience Design

A Jornada do Cliente

Guia essencial para entender clientes, desenvolver soluções, projetar experiências, repensar processos e prosperar

Gart Capote

1ª Edição
2020

ISBN: 9798571970433
Independently published

Capote, Gart
  Business Experience Design - A Jornada do Cliente / Gart Capote. Rio de Janeiro: edição do autor, 2020

1. Negócios 2. Gestão 3. Clientes 4. Processos

Crowdsourcing para Revisão

Conforme realizado desde 2012 para o livro "BPM para todos", esta obra também teve a honra de contar com a participação voluntária de dezenas de profissionais que doaram tempo, conhecimento e carinho para a realização de diversas ondas de revisão de todo o conteúdo deste livro.

Muito obrigado mais uma vez por todo o apoio e incentivo recebido. Sem vocês, nada disso seria possível.

Gart Capote

Revisores

Amanda Beraldo	Miguel Masoni
Bruna Manduca	Rodrigo Souto
Camilla Lourenço	Samara Trejan
Carla Lima Passareli	Sandra L. Rosas
Euclea Tavares	Silvana Castro
Fernando Fassheber	Vanessa Jasinski
Haylla Balzani	Vanessa Lopes
Jones Ferreira	Walter Kock
Juliana Fernandes	Wilkia Neves
Marcia Bevilaqua	

Este livro foi pensado e escrito para que possamos realizar o nosso trabalho de modernização organizacional com mais relevância estratégica, objetividade e capacidade de entregar valor para quem mais importa - o Cliente.

Conteúdo

O Autor

É bastante provável que você ainda não me conheça, portanto, permita-me uma rápida apresentação e contextualização sobre este que vos escreve e a temática do livro. Se já conhece o meu trabalho e como foi que adentrei pelo mundo da experiência do cliente, fique à vontade para pular as próximas páginas e ir direto para "Introdução e Contextualização".

Depois de alguns anos trabalhando com desenvolvimento de sistemas, bancos de dados e gestão de projetos, comecei a minha jornada como consultor em BPM (Gestão por Processos) ainda no longínquo ano de 2003. Meus primeiros projetos envolviam trabalhar em parceria com uma equipe alemã para a realização de alguns projetos históricos no Brasil. Depois participei de outros projetos internacionais com americanos, ingleses, portugueses, sul-africanos, gregos e canadenses. Devido a minha origem tecnológica (desenvolvimento de sistemas e banco de dados), automatizo processos com BPMS desde os primórdios do surgimento do conceito e da tecnologia, utilizando desde as mais variadas e esdrúxulas notações que já existiram até a mais atual versão de BPMN (*Business Process Modeling and Notation*).

Ainda sobre BPM, fui o responsável pela criação e fundação da ABPMP no Brasil (*Association of Business Process Management*). No ano de 2007 eu era membro do *chapter* de Tampa Bay na Flórida, foi quando tive a ideia de fundar o *chapter* nacional e desenvolver o tema em nosso país. Para isso acontecer, idealizei o movimento, escrevi alguns artigos no meu *blog* para explicar melhor a oportunidade e convidei vários profissionais da comunidade de gestão. Depois de pouco mais de um ano fundamos o *chapter* nacional e o presidi durante os seus primeiros oito anos consecutivos.

Foi uma jornada incrível e tornamos a ABPMP Brasil o maior *chapter* do mundo, com milhares de associados em dezenas de estados e cidades, e centenas de profissionais certificados CBPP (*Certified Business Process Professional*).

Também sou autor de outros cinco livros sobre BPM e BPMN, que podem ser consultados nas referências bibliográficas ao final desta obra. Já palestrei e ainda palestro em eventos em várias cidades pelo mundo e colaborei com a atualização e a melhoria de algumas edições do BPM CBOK.

Finalizando esta apresentação do autor, tenho algumas milhares de horas de voo em projetos de consultoria em BPM, BPMN, BPMS, Jornada do Cliente, Integração de Processos e Tecnologias e, principalmente, já capacitei mais de 3500 profissionais em métodos, técnicas, princípios e tecnologias para análise, modelagem, melhoria, transformação e automatização de processos. Ou seja, posso dizer que modernização da gestão organizacional é a minha vida há quase duas décadas e sou completamente apaixonado e envolvido com o estudo, a prática, a evolução do tema e sua aplicação consciente em organizações pelo mundo.

Espero que goste desta obra e a considere um guia de referência para futuras ações e consultas. Aqui trataremos de um dos mais importantes passos para a constante e saudável evolução do profissional de gestão organizacional no século XXI — como colocar o cliente no centro das decisões organizacionais.

Introdução e Contextualização

Vamos percorrer uma breve linha do tempo para entender como o tema jornada/experiência do cliente tem evoluído ao longo dos anos e ver algumas das diversas práticas e abordagens que povoaram e ainda orbitam essa temática.

Parece que foi ontem, mas ainda estávamos em 2004 quando participei do meu primeiro projeto que envolvia o conceito de Jornada do Cliente. Na verdade, o termo utilizado na época era "Gestão dos Eventos da Vida do Cidadão". Era um projeto piloto muito ousado, pois pretendia entender e apoiar os cidadãos de uma pequena província da África do Sul em seus eventos mais significativos, desde o nascimento até o falecimento de uma pessoa. Nesse projeto, o governo mapearia as principais ações necessárias aos cidadãos envolvidos e integraria os diversos órgãos públicos e seus serviços para viabilizar uma jornada mais simples e menos burocrática.

Como dizia o *slogan* do projeto, o objetivo maior era "integrar processos e serviços do governo para entregar melhores experiências para a população". Uma ambição singular e muito valorizada por quem mais importa nessa equação: o Cidadão.

Minha participação no projeto foi auxiliar na percepção de soluções para a integração de sistemas, dados e tecnologias existentes ao longo da jornada em seus inúmeros departamentos públicos e alçadas de aprovação. Até então, o responsável por integrar os processos e serviços do governo era o próprio cidadão que, ao avançar nas centenas de interações com os órgãos, realizava as conexões necessárias e fazia com que os processos continuassem em seus percursos. Infelizmente, transformar o cidadão em um integrador de processos desconexos é uma prática muito comum até hoje.

Avançando um pouco mais no tempo, e já mais calejado após outros projetos com o foco de integração de processos, por volta de 2007 comecei a envolver-me mais com o complexo e abrangente desafio de entender melhor os clientes e as suas percepções de valor. Para quem está acostumado a trabalhar com assuntos mais tangíveis e pragmáticos, como processos, tecnologias e dados, enveredar por essa assustadora seara de abstrações e subjetividades não é algo muito confortável ou natural. Esse também foi o meu desconforto.

Posso dizer que, ao menos desde 2007, venho aprendendo muito e, cada vez, mais desenvolvo habilidades que pareceriam impossíveis se compararmos a minha compreensão do tema hoje em dia, com a que eu tinha no início dessa jornada pessoal de ampliação de domínios de interesse. Sim, acredito que "ampliar os domínios de interesse" pode ser considerado um bom conselho e ponto de partida para todo profissional que se especializou muito ao longo de sua carreira. Se você está no início de sua jornada profissional, o conselho é igualmente válido. Expanda a sua compreensão interessando-se e estudando assuntos que podem parecer fora de sua "alçada" ou especialização. Para aplicar o que este livro propõe, precisamos de profissionais mais abrangentes e dispostos a ousar. Sair da zona de conforto e acomodação nos permite evoluir.

Para não ficar cansativo, fragmentei a linha do tempo em trechos menores e veremos outros pontos relevantes mais adiante e sempre de maneira integrada ao tópico.

Dois pontos que gostaria de ressaltar. Primeiro, esta introdução é um sucinto testemunho de que todos nós podemos desenvolver as habilidades que trataremos nesta obra. Basta querer e, principalmente, aceitar que as coisas que importam não são tão objetivas quanto parecem e nossas decisões não são tão racionais como acreditamos. Sem desenvolver essa maleabilidade existencial, uma mentalidade favorável ao crescimento, travaremos a todo o momento e ficaremos empacados no limbo entre o concreto e o abstrato.

Segundo, para inspirar e ajudar o leitor nessa jornada pessoal de ampliação dos domínios de interesse que, no caso específico desta obra, pretende mostrar como o entendimento sobre clientes e valor pode nos ajudar a projetar melhores experiências, trarei ao longo dos tópicos uma série de breves intervenções (temperos) que complementam a justificativa e a compreensão do assunto, considerando estudos da neurociência, princípios e práticas de meditação, lições aprendidas e muita observação real sobre os desafios da prática em empresas.

Portanto, se você é um profissional com atuação mais orientada ao mundo concreto, lógico e pragmático, saiba que o conteúdo do livro o ajudará a expandir a percepção sobre temas mais subjetivos e abstratos, e trará um rigor metodológico que o ajudará a conectar os pontos e aplicar o conhecimento em seu dia a dia.

Se você é um profissional com atuação mais voltada para o universo de clientes, relacionamentos, criatividade e desenvolvimento de ideias, esta obra apresenta e adicionará uma série de outros elementos mais pragmáticos e concretos que precisam ser considerados antes e durante as rodadas de criação de soluções.

Continue com a leitura e permita-se exercitar outros lados, hemisférios e dimensões do nosso maravilhoso e ilimitado cérebro.

Conceitos
Princípios
Valores

Conceitos, Princípios e Valores

Estamos no início da leitura de uma obra que trata de temas essencialmente subjetivos e que permitem diferentes interpretações por parte do leitor. Este não é exatamente um livro com conteúdo cartesiano ou determinístico, mas segue definições que são mais aceitas e utilizadas no mercado, respeita pressupostos modernos e, fundamentalmente, propõe-se a promover a partilha de um entendimento comum sobre hipóteses que podem ser poderosas quando respeitadas.

Sendo assim, é importante contextualizar este início informando que, tudo o que veremos a partir deste ponto da obra, além de interpretável e adaptável por quem faz a leitura, também está intimamente vinculado aos conceitos, princípios e valores que norteiam a prática de gestão em experiência, jornada e centralidade do cliente.

Conceitos

Em nosso contexto, vamos aceitar que, ao nos referirmos aos conceitos, estamos tratando do estabelecimento de ideias abrangentes e da representação semântica dessas unidades de conhecimento. Conceitos podem nos servir como declarações universais sobre o "entendimento comum" pretendido sobre algo. Amor, por exemplo, é um conceito, mas qual é a sua melhor e mais precisa definição literal?

Não sabemos ao certo, e nem precisamos dela para compreender o seu significado maior.

Nesta obra o leitor encontrará dezenas de conceitos fundamentais para que o método apresentado funcione em sua plenitude prática e tenha êxito operacional. Precisamos perceber os conceitos para entregar o que os princípios e valores relacionados nos inspiram e orientam.

Princípios

Assim como os conceitos nos ajudam a entender melhor o significado das coisas e o que elas representam (a semântica), os princípios são, talvez, os elementos mais importantes nessa jornada de conhecimento.

Quando falamos de princípios, estamos tratando da base, dos elementos fundamentais que melhor nos auxiliam a definir regras e práticas. No contexto desta obra, os princípios que veremos ao longo do texto, não apenas orientam, mas ajudam a estabelecer novos e mais coerentes valores.

Se você segue o princípio de não trapacear, por exemplo, você deve ter em sua mente valores que são condizentes com essa premissa. Ou seja, os nossos valores, em última análise, são reflexos de viver em uma sociedade ricamente permeada por culturas e crenças distintas.

Valores são mutáveis e até geográficos. Por outro lado, princípios tendem a ser mais rígidos e perenes.

Valores

Como vimos anteriormente, é comum que os princípios sejam entendidos e aceitos como a base ou a pedra fundamental dos valores que seguimos e promovemos.

Enquanto os princípios são comuns, para o bem coletivo e mais universalmente aceitos, percebemos que os valores tendem a assumir uma silhueta mais individualizada.

É comum encontrarmos pessoas envolvidas em esforços de mudança cultural na forma de complexos projetos que envolvem todos os colaboradores da empresa.

A questão aqui é: estaria essa iniciativa orientada a trabalhar o entendimento e a partilha de princípios que orientam e forjam valores ou, pulou-se essa etapa, a resistência à mudança é grande e o esforço será praticamente infrutífero ao final?

Essa é a importância de nos preocuparmos com o significado de cada um desses cruciais elementos (conceitos, princípios e valores) para que a promoção da mudança sustentável e orgânica torne-se uma realidade. Afinal, nesse contexto organizacional, nada que é imposto e tenha pouca percepção de valor, dura muito. O corpo orgânico sempre dá um jeito de contornar a situação, sobrepujar e eliminar o artificial.

Mudança que não considera os conceitos, os princípios e os valores vigentes no grupo em questão, fatalmente, e assim como qualquer corpo estranho ao nosso organismo, lentamente sofrerá uma dolorosa e contundente rejeição e, em pouco tempo, será devidamente expulsa.

Sendo assim, vou propor um exercício que pode ser muito interessante e engrandecedor para o leitor.

Que tal você, ao chegar no final de cada capítulo ou texto que mais lhe agrade e impacte, criar uma lista com os principais conceitos, princípios e valores percebidos durante a leitura?

Teremos ao término de cada trecho, uma folha com espaços reservados para você preencher o que entendeu dos conceitos, princípios e valores apresentados.

Não é obrigatório fazer isso para ter bom uso deste livro ou utilizar o método mas, certamente, criará um compromisso individual muito forte para o aprendizado do tema e consolidará muito mais a informação apresentada. Fica a dica.

Se você não quiser fazer esse exercício, não tem problema. Em breve teremos toda essa coletânea organizada e disponível na página da BXD (*Business Experice Design International Alliance*). Não conhece a BXD?

Tudo bem, mais adiante no livro teremos algumas páginas dedicadas a apresentar esse movimento internacional em prol da redução da fragmentação organizacional (1) e da entrega de melhores experiências para as pessoas, durante as interações com as empresas (2).

Portanto, e para encerrar esta resumida apresentação sobre o significado de conceitos, princípios e valores para o nosso livro, minha instrução inicial para configurar seu humor e um melhor estado de espírito para a leitura desta obra, é:

"Abra a mente e o coração e deixe a novidade entrar. Leia, aprenda, utilize, questione, melhore, ensine e divirta-se!"

Qual é a sua marca preferida?

Não há nada melhor do que uma boa pergunta para atiçar a leitura de um livro que pretende nos fazer pensar. Sendo assim, achei importante lançar uma pergunta simples, direta e, principalmente, essencial para a nossa evolução na leitura. Afinal, quando falamos sobre experiência, jornada e foco do cliente, precisamos tentar nos conectar ao sentimento que vem à tona quando somos questionados, tal e qual a pergunta inicial o fez: qual é a sua marca preferida?

Essa simples questão nos faz iniciar uma viagem neural que tem sua largada em nosso subconsciente e nos conduz à uma resposta preponderantemente emocional. Sim, falar sobre cliente é falar sobre emoção. Por mais que racionalizemos nosso processo decisório diário, boa parte do tempo estaremos justificando com alguma lógica uma decisão que foi influenciada pela emoção do momento.

Vamos fazer um teste. Responda à próxima pergunta com o primeiro resultado que surgir e sem pensar muito.

Qual é a sua marca de carro preferida?

Neste momento, e para responder à pergunta, você sentiu-se incapaz de responder e desejou abrir uma planilha eletrônica e fazer uma avaliação pragmática e racional, comparando custo de aquisição, depreciação, valor percebido, custo de manutenção... ou o seu cérebro já trouxe os nomes das marcas que você mais deseja quando pensa em ter um carro novo?

Constantemente criamos registros emocionais inconscientes em nosso cérebro.Nossa mente é um grande espaço no qual um incontrolável e constante turbilhão de pensamentos, histórias, medos, desejos e os mais variados estímulos habitam, circulam, interagem e nos levam a decisões que podem ser mais ou menos racionais. Porém, fomos ensinados e acreditamos, ao menos uma boa parte da população, que somos seres fundamentalmente racionais. Felizmente, com a ajuda da neurociência e um maior entendimento e desenvolvimento dos conceitos fundamentais da economia do comportamento, tal crença gradativamente se dilui e permite que a percepção sobre nós mesmos possa evoluir.

Procuro sempre contextualizar a relevância de aprendermos cada vez mais sobre o funcionamento do nosso cérebro e seu impacto no comportamento humano e, sem querer radicalizar, mas sendo minimamente contundente na afirmação, posso sugerir e inferir que, para atuar adequadamente com iniciativas de melhoria da experiência do cliente, precisaremos estudar um pouco mais de psicologia, neurociência, economia do comportamento, *design*, códigos emocionais, empatia, meditação e uma série de disciplinas e abordagens que, provavelmente, nunca consideramos e até desprezamos durante a nossa corrida diária para alcançar respostas com lógica, certeza, cartesianismo, aprovação, materialidade e menor subjetividade possível.

Estamos sempre tentando nos manter mais próximos do conforto estatístico da certeza, do concreto, e tendemos a evitar abstrações, subjetividades e inferências. Afinal, para o nosso cérebro, em certos assuntos, quanto maior a certeza e a garantia de que é possível repetir os resultados, mais confortável e agradável tende a ser a nossa sensação.

Precisamos nos conhecer um pouco mais para aceitar que, a nossa lógica tradicional e herdada, não é tão isenta ou favorável quando estamos no campo das relações humanas. Acredito tanto no poder dessa afirmação que, há alguns anos, comecei a conduzir sessões práticas para reflexão, melhoria de foco e meditação. Você pode dar o nome que quiser para essas práticas, mas é impressionante o impacto que alcançamos ao perseverar na prática diária. Sempre que dedicamos uns minutos do nosso tempo para respirar e acalmar a ansiedade diária, reduzimos um pouco o estresse e os trabalhos acabam por fluir muito melhor, com mais empatia, criatividade e atenção plena. Fica a dica.

Falaremos mais adiante sobre neurociência, empatia, emoções, racionalização, psicologia, economia do comportamento, meditação e uma vasta gama de assuntos complementares e essenciais para o nosso objetivo ao longo do livro.

Sem querer prescrever, mas para ajudar com a ideia de criar um desafio de crescimento individual e expansão de consciência, minha sugestão sobre o assunto é:

- Aprenda mais sobre você mesmo;

- Estude um pouco sobre o cérebro humano. É muito útil e interessante compreender melhor o impacto que os hormônios mediadores químicos, a nossa fisiologia e a plasticidade neural têm em nossos comportamentos ditos "racionais";

- A neurociência avançou muito nos últimos anos e temos vasto material disponível. Aprenda o quanto antes;

- Um cliente é um ser humano. Por mais óbvia que seja esta afirmação, precisamos tentar lembrar disso quando vamos trabalhar. Parece que as empresas se esquecem deste fato com alguma facilidade e demasiada frequência;

- Não é possível ser bom em experiência do cliente sem entender um pouco sobre pessoas, empatia, compaixão, emoções, memória, expectativas e valores individuais;

- Não acredite que esses temas não fazem parte de sua profissão ou descrição do trabalho. Produtos e serviços existem para outras pessoas. Enquanto não estiver tudo automatizado com robôs cuidando de tudo e nós apenas flutuando em cadeiras por uma nave interestelar (filme Wall-E), entender e se conectar empaticamente à outras pessoas será um grande diferencial competitivo para qualquer profissional interessado em se manter ativo e relevante nesse centrípeto universo de conhecimentos e habilidades.

Divirta-se.

Qual é o foco da organização?

Antes de começar a falar sobre o tipo de foco que a organização utiliza, permita-me continuar a minha explicação cronológica que nos explica como cheguei aos dias de hoje, enquanto escrevo este livro. Tudo está conectado e contextualiza os temas e abordagens que veremos mais adiante.

Após o projeto da África do Sul, por volta do ano de 2006, participei de mais alguns projetos contemplando o que chamávamos de "jornada do cidadão" e, por volta de 2008, tive o grande prazer de atuar em novos projetos, seguindo o método de uma das maiores referências mundiais em gestão de relacionamento de cliente, a Peppers and Rogers Group. Com eles aprendi o poderoso Método IDIP, bastante conhecido pela área de CRM (*Customer Relationship Management*) e baseado em quatro pilares: identificar, diferenciar, interagir e personalizar, adquiri e internalizei um novo mundo de conhecimentos e tive a oportunidade de trabalhar com profissionais altamente especializados nesse vasto "universo do cliente".

Outro marco importante nessa jornada profissional para aprender sobre jornada do cliente, foi conhecer o trabalho de Steve Towers, em 2009. Li o seu livro "Outside-in", fiz o treinamento, decidi conhecê-lo e entendi que iria me dedicar de corpo e alma para "masterizar" minha compreensão e minhas novas habilidades nessa poderosa ferramenta de reorientação e transformação de processos, produtos e serviços.

Muitos anos, livros, projetos, treinamentos e aprendizados depois, chegando em 2014, percebi que tinha construído um arcabouço robusto e que ele poderia ser a base de um novo método prático — método este que vamos aprender com esta obra. Perdoe o "currículo" descrito nas linhas anteriores, mas é importante que você entenda de onde vem a informação que compartilho e tenha um breve vislumbre de parte da estrada percorrida até aqui. Não foi tão rápida, mas é muito gratificante e desafiadora.

Considerando a importância de alinharmos alguns conceitos fundamentais antes de chegarmos no método, precisamos fazer uma diferenciação mínima sobre o que é o Foco NO Cliente e o Foco DO Cliente.

O Foco NO Cliente

Quando se fala em ter o foco no cliente, estamos diante de organizações que ainda focam ou tratam exclusivamente de questões organizacionais importantes com base na perspectiva interna sobre os clientes da empresa. É o que costumamos chamar de foco de dentro para fora (*inside-out*). Ao considerar o que temos e fazemos dentro da organização, mais as metas dos silos organizacionais, mais a visão estratégica tradicional, somamos tudo isso e alcançamos o resultado estratégico de precisar "fazer de tudo para empurrar produtos e serviços para um mercado que, empaticamente, pouco conhecemos". É o foco exagerado no produto, no serviço e nos processos, tudo orientando a percepção de capacidade e a ambição organizacional. Ou seja, o cliente é um alvo, uma meta, e não uma razão, um propósito.

Uma das grandes evidências do negativo distanciamento humano que o foco no cliente promove está nos indicadores criados e monitorados. Posso dizer que, nestas organizações com a visão de dentro para fora, quase sempre encontraremos indicadores conectados aos resultados dos processos, volume de vendas, desperdícios, qualidade operacional, defeitos e alguns indicadores sobre a participação da organização no mercado (*market share, share of wallet* e outros).

Com o recente burburinho sobre a antiga e poderosa estrutura de OKR para definição de ambições e métricas (*Objectives and Key Results* - Objetivos e Resultados-chave), mesmo nessas organizações, ainda vemos a anomalia acontecer, afinal, mudou-se a sigla e a ambição, mas continuamos a deixar de lado a perspectiva do cliente. Não estou culpando OKR, pois o que faltou - realmente - foi promover a atualização da perspectiva organizacional e criar melhores OKRs.

OKRs funcionais e isolados são menos poderosos que OKRs intencionais e que consideram a perspectiva do cliente. Simples assim.

Considerando tudo isso, percebemos que o foco das organizações com "o foco no cliente" está mais direcionado aos trabalhos necessários para produzir e entregar as "coisas" que a organização se propõe a oferecer (produtos ou serviços). Quem tem foco no cliente, normalmente, não diferencia clientes por tipo, ou os diferencia de maneira bastante superficial e quase "rudimentar" — pouco sofisticada.

Ter o foco no cliente é um lugar-comum atual de boa parte das organizações, quiçá, da maioria. Em minha humilde opinião, dizer que a empresa tem o foco no cliente se tornou um jargão "modernoso", bastante equivocado e que evidencia o quanto se desconhece o assunto.

Para mim, ouvir isso serve como um rápido diagnóstico de problemas fundamentais na mensagem e no mensageiro.

O Foco DO Cliente

As experiências dos clientes precisam ser os processos organizacionais mais importantes. Simples assim. Tudo o que é feito na organização precisa estar "conectado" à real capacidade organizacional de entregar as melhores experiências possíveis para os clientes e em cada ponto de contato. Uma organização que adota o foco do cliente entende as dores, as necessidades e os desejos de seus diferentes tipos de clientes.

A organização que considera o foco do cliente, no mínimo, mantém refinada a sua compreensão sobre clientes, indo além de público-alvo, nichos e dados demográficos. Ela evolui no entendimento quase que a nível individual (*personas*), sempre buscando gerar empatia para a melhor compreensão do motivo de sua existência e para quem trabalha. Dessa forma, a organização procura cada vez mais alcançar a percepção de valor do cliente em cada momento que ele interage com a organização, seus produtos e serviços — os momentos da verdade.

Sei que nessa breve explicação sobre foco no/do cliente deixei alguns conceitos sem explicação detalhada (momentos da verdade, jornada, experiência, *Personas*, ponto de contato, nicho e público-alvo). Faremos isso com calma e bastante objetividade mais adiante no livro, principalmente ao longo do capítulo dedicado para a explicação do método.

Alguns pontos que merecem reforço

1- O Foco DO Cliente NÃO é apenas "ir para o fim da fila". Isso é uma simplificação um tanto quanto exagerada e que desvaloriza todo o conhecimento necessário para produzir boas experiências. Tornar um conceito palatável e o transmitir de forma lúdica é uma coisa. Outra coisa é simplificar ao extremo por não conhecer exatamente o que está sendo dito. Leia outros livros de autores que fazem *Outside-in ou* jornadas e perceba o quanto do que eles dizem há muito tempo ainda está presente nas abordagens mais atuais. Cite cada um deles e suas colaborações diretas e indiretas. Não criamos nada sozinho.

2- *Outside-in*, Foco DO Cliente, Jornadas de Experiência do Cliente e muitos outros elementos, métodos e conceitos não são a origem de BPM, mas são referenciados desde 2010 em sua concepção e evolução para uma maior abrangência. BPM nunca se "apropriou" dessas abordagens, apenas as referencia e orienta para que os profissionais busquem se especializar nos conhecimentos que necessitarem/desejarem. Hoje em dia, cada novo discurso que surge na internet falando sobre o futuro, invariavelmente, "ressignifica" conceitos, práticas e métodos e se apropria destes, apenas dando um novo nome "modernoso" e disruptivo. Isso é péssimo para a maturidade organizacional e profissional em qualquer ambiente.

3- Outro dia encontrei mais um desses absurdos na web. Nesse, tentavam separar definitivamente o que é melhoria e o que é transformação. No pueril material dizia-se que BPM é apenas sobre melhoria e que isso não faz mais sentido nos dias de hoje, pois não há transformação. É para ficar doido lendo essas coisas. Primeiro: onde foi que ele aprendeu isso?

Em BPM, desde sempre, tratamos de automatização de processos (1) - chamados de processos digitais hoje em dia, adição de regras de negócio com tomada de decisão sem intervenção humana (2), monitoramento em tempo real de execução de atividades (3), distribuição automatizada de tarefas por disponibilidade de recursos e habilidades disponíveis (4), alertas dinâmicos com poder de redefinição de fluxo dos processos (5) e muitas outras "funcionalidades" que os sistemas BPMS nos fornecem há muitos anos. Se isso tudo não viabiliza a chamada transformação digital, não sei o que vai viabilizar. BPMS, além de muitas coisas, é um grande integrador de tecnologias existentes e novas (APIs, protocolos, *webservices* etc.). Com eles conseguimos compor soluções e abordagens mais interessantes para o negócio e em consonância com o Foco DO Cliente.

4- A maior transformação que você pode entregar para qualquer cliente é: fazer o que é importante, necessário ou desejado por ele. BPM, abordagens *Outside-in*, foco do cliente, *Canvas*, *Design Thinking* e as dezenas de outras, existem e servem exatamente para isso.

Só conseguiremos adotar o foco do cliente quando, no mínimo, conhecermos o cliente (1), entendermos o que ele realmente objetiva (2), projetarmos como podemos ajudar a entregar tal experiência (3), testarmos as ideias (4), avaliarmos nossas capacidades atuais (5) e projetarmos as melhorias futuras nos processos (6). Identificar a emoção gerada em cada interação dos clientes com os produtos e serviços da organização (7) é um desafio grandioso, pois precisaremos proporcioná-las (8) em cada momento da verdade (9) e em cada ponto de contato (10).

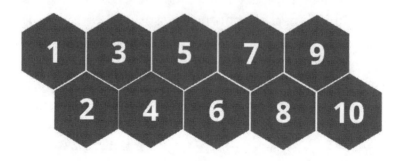

Alguns Componentes da Era da Experiência do Cliente

São peças essenciais que ajudam a entender e montar esse grande *puzzle* que é o ambiente de negócios do século XXI, e não traz apenas a quarta revolução industrial, mas já inicia com a certeza da chamada "Era da Experiência do Cliente". Sim, parece difícil e é complexo. Não é um esforço de um dia, mas é viável. Para ajudar no processo de criação e entrega, devemos e podemos nos valer de abordagens modernas para realização de projetos com construção e entregas mais iterativas e interativas.

É muito bom perceber que o universo da experiência do cliente cada vez ocupa mais espaço nas "manchetes" profissionais, fóruns, grupos etc. Lembro muito bem do dia que ouvi duas frases marcantes na minha estrada profissional. Em 2006, na varanda de uma bela padaria de São Paulo, ouvi de dois grandes amigos e também colegas de trabalho:

"Esse negócio de BPM não vai mais adiante. Não perca o seu tempo. É melhor você continuar como gerente de projetos de *software* mesmo."

Em 2009, ao ministrar uma aula na qual apresentava e explicava os principais conceitos e técnicas de *Outside-in* e foco DO cliente, ouvi de um dos profissionais de gestão que assistia à aula:

"Esse negócio de foco DO cliente não vai adiante. Isso não tem força nas empresas. Esqueça e fique apenas com BPM."

Acredito que sempre é importante ouvir e ponderar opiniões de pessoas consideradas como "habilitadas" para falar do tema. Porém, também é igualmente necessário ter um saudável desprezo pela estranheza inicial que as ideias podem causar nos outros e, por isso, talvez seja mais interessante não acatar o *feedback* por completo, mas apenas ajustar a cadência e a ousadia com a qual evoluiremos em determinados temas e ambições.

Nem sempre é o momento mais adequado, mas, pensando bem, quando é mesmo o momento mais adequado?

Conceitos

Princípios

Valores

Os Clientes e as Emoções

Que tal continuar essa sensibilização citando a si próprio? Apesar de correr o risco de parecer ridículo, a ideia prevaleceu e resolvi arriscar.

"A tecnologia evoluiu tão rápido que, cada vez mais, valorizamos e demandamos relacionamentos mais humanizados nas interações entre os clientes e as empresas."

Concordo com você e comigo mesmo quando digo que essa citação é apenas uma constatação óbvia sobre um fenômeno social deste século. Esse fenômeno, orgânico e social, já causa grande impacto nas profissões, empresas, produtos, serviços e em todo um enorme e dinâmico ecossistema dos negócios interconectados.

Podemos dizer que as pessoas estão cada vez mais interessadas em serem reconhecidas e entendidas como pessoas, não apenas como um conjunto de dados demográficos e etnográficos. Queremos produtos, serviços, contratos, ofertas, trabalhos e relações mais empáticas. Pense no seguinte:

Algoritmos servem para nos libertar de trabalhos repetitivos, enfadonhos e sem real valor humano percebido.

O entendimento de dados comportamentais (psicográficos) nos auxiliará na criação de relações com um pouco mais de empatia e preocupação com o próximo — melhorando a percepção de valor por parte de quem interage.

Sendo assim, a referida percepção de valor no século XXI, bem lá no fundo, não será percebida apenas pela evolução tecnológica.

Será muito mais percebida como uma variável intrinsecamente antropogênica, ou seja, uma consequência da relação humana com o meio.

O que nós faremos nas organizações e pelas organizações, finalmente, precisará atender e responder ao critério de ser "humanamente interessante" para outras pessoas.

A inteligência pode ser artificial, mas a emoção é natural.

Portanto, agora é o momento perfeito para unirmos métodos, filosofias e abordagens complementares que, felizmente, nos ajudam a criar empresas, ofertas, serviços, processos e produtos alinhados aos valores humanos.
Precisamos reduzir a fragmentação organizacional e, com um olhar mais integrado e holístico, um olhar de *Design* com D maiúsculo, poderemos criar melhores experiências para as pessoas diretamente envolvidas (colaboradores e clientes) e garantir uma sustentabilidade multidimensional (ambiental, financeira, social, laboral e outras).

Profissionais de gestão, empreendedores, empresários, executivos, investidores, professores, analistas, líderes, alunos, todos que entendem a necessidade de evoluir os modelos de negócios vigentes para uma versão menos anacrônica, todos, sem exceção, precisam de alguma atualização no seu modelo mental e em suas habilidades. Não é possível ajudar nessa transição social e econômica sem, antes, ampliar seu repertório sobre outros temas e desenvolver novas habilidades.

Nosso desafio atual é ser "cerebralmente ambidestros" e, assim, cada vez mais, nos tornarmos uma versão aprimorada de ser humano. Quando aceitarmos esse desafio, e agirmos de acordo, estaremos pavimentando o caminho que nos levará até novas e melhores interações humanas.

Até este momento no livro tentei apresentar e reforçar a importância do desenvolvimento emocional do profissional que deseja atuar com experiência do cliente.
Para muitos leitores essa habilidade pode parecer algo nato ou previsto, mas tenho certeza que para muitos outros isso pode ser o maior desafio — quase um bloqueio.

Quando atuamos em certas profissões, o distanciamento emocional é quase um pré-requisito. Em outras, esse mesmo distanciamento pode ser visto como uma vantagem estratégica ou habilidade tática interessante para uma maior ferocidade e agilidade empresarial.
Bem, neste cenário em que vivemos atualmente, isso muda radicalmente de proporção e figura. Nas melhores empresas, e não exatamente nas que hoje ainda ganham muito dinheiro, as relações humanas orientam e questionam as decisões e as práticas organizacionais.

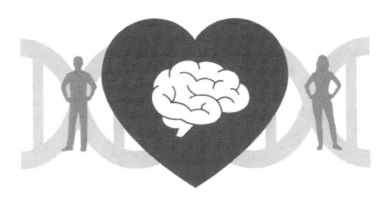

A ligação emocional precisa estar no DNA organizacional

Autonomia, flexibilidade, reconhecimento, facilidade, liberdade, conforto, evolução, relevância, crescimento, compartilhamento, colaboração, diversão, desafios... e a lista continua.

Todos esses elementos, hoje em dia, fazem parte do "menu de valores organizacionais" e ofertas que as organizações precisam se preocupar em oferecer e garantir para conquistar e manter seus melhores talentos. Essas são expectativas humanas modernas e pertencem ao universo dos que trabalham nas organizações do século XXI.

Pela perspectiva do cliente, do lado de fora das empresas, pouca alteração será feita na lista. Na verdade, teremos mais ajustes na intensidade e na relevância, mas podemos dizer que a lista se mantém bastante estável e equivalente. Ou seja, a mirabolante e científica conclusão que empiricamente podemos alcançar é: clientes e trabalhadores compartilham do mesmo código de valores, ambições, desejos e necessidades.

Não acredita em mim? Faça você mesmo o próximo teste e reflita sobre o resultado alcançado.

Teste Cliente-Colaborador

Considere que você é o cliente e marque as opções que você entende como relevantes para a sua satisfação:

- ❏ Autonomia (sua decisão é soberana)
- ❏ Flexibilidade (variedade de alternativas)
- ❏ Reconhecimento (sentir-se valorizado)
- ❏ Facilidade (sem esforço desnecessário)
- ❏ Liberdade (você é quem escolhe)
- ❏ Conforto (sentir-se bem)
- ❏ Evolução (sentir que melhorou)

- ☐ Relevância (sentir-se importante)
- ☐ Crescimento (perceber que é possível ir além)
- ☐ Compartilhamento (o prazer de dividir)
- ☐ Colaboração (o prazer de ajudar)
- ☐ Diversão (o prazer de ter bons momentos)
- ☐ Desafios (não sentir o peso da monotonia)

Não sei se percebeu, mas todos os elementos na lista também estavam presentes na página anterior, no trecho em que falei sobre "menu de valores organizacionais".

Quando falamos sobre esses itens em relação ao universo do empregado/trabalhador/colaborador, existe uma tendência de acharmos um exagero, ou que essas são coisas apenas *millenials* e a geração Y devem valorizar.
Porém, nos surpreendemos quando olhamos uma segunda vez para a mesma lista e a consideramos bastante razoável ao nos colocarmos no lugar do cliente. Curioso, não?

Acho que você já entendeu o espírito da coisa. Esse é o desafio. Nossas emoções, dentro e fora da empresa, são humanas e muito mais compartilhadas do que imaginávamos.
O problema é que muitas empresas continuam desprezando esse fato.

Para o meu assombro, o mais estranho em tudo isso é saber que as empresas são feitas por pessoas e para pessoas. Então, em minha questionadora e muitas vezes equivocada mente (sem trocadilho), uma inevitável e poderosa dúvida se manifesta e eu me questiono em silêncio: o que foi que aconteceu de errado?

Conceitos

Princípios

Valores

Simpatia, Empatia ou Compaixão

Será que o segredo de uma boa experiência para o cliente está na capacidade da organização ser empática nas interações?

Modéstia à parte, achei essa pergunta muito profunda e essencial. Mas, de volta à realidade e sem tanta autobajulação, devo dizer que essa pergunta nos leva a acreditar que uma boa resposta seria dizer sim. Sim, o segredo é ter empatia. Para não dizer apenas que é ou não é, vamos explorar rapidamente um pouco dos conceitos que definem e orbitam essas três palavras tão utilizadas.

Simpatia

Se você pesquisar na internet ou nos dicionários tradicionais, encontrará dezenas de definições complementares sobre a palavra. Para evitar que você saia do livro agora e vá buscar no Google, e para simplificar a nossa jornada de sensibilização inicial, vou utilizar algumas definições que traduzem bem o significado em relação aos objetivos do livro.

Ter simpatia, basicamente, é estar agradável e amistoso numa relação pessoal.

Ou seja, trazendo para a realidade deste livro que trata de relações entre clientes e empresas, simpatia seria o equivalente a você entrar em uma loja, falar com um atendente, explicar o problema e pedir para trocar o produto defeituoso. O atendente, muito educado e sempre com um sorriso amistoso estampado no rosto, nega polidamente o seu pedido e explica que não é possível trocar, pois não é a política da empresa. Sendo assim, o prestativo atendente, ao notar a sua simpatia e compreensão ao receber o não, acredita que fez um bom trabalho e contornou bem a situação. Lembrou-se até do treinamento que recebeu antes de começar a trabalhar e pensa:

"Ufa! O treinamento serviu bem. Consegui sair de uma situação ruim que só iria dar trabalho e nem compraria nada. Agora posso me concentrar em vender e bater minhas metas. Uhu! O dia vai ser bom."

Essa foi a perspectiva do atendente, mas e o cliente?

O cliente (você), ao receber o não do atendente, ficou surpreso, infeliz e insatisfeito, mas agradeceu pela simpatia e presteza no atendimento e saiu da loja... lançou seu olhar para o infinito e disse baixinho alguns palavrões que impediram a possível ocorrência de um infarto agudo do miocárdio.

Mais tarde, esse mesmo cliente procurou um órgão de defesa do consumidor, reclamou com os amigos sobre a situação e, ao fim do dia, com toda a calma do mundo e uma serenidade ilibada, entrou nas redes sociais e libertou toda a sua fúria mortal sobre a marca, a loja, o produto e a experiência.
Analisando rapidamente as perspectivas individuais, podemos facilmente perceber, entender e sentir o seguinte:

O atendente, que foi treinado para ter o foco NO cliente, achou que a interação correu bem. Apesar de não resolver o problema para o cliente, ele foi simpático, o atendimento até que foi agradável, o cliente foi compreensivo e nem o ofendeu. Ou seja, para ele, pareceu que correu tudo bem. Já o cliente, que nasceu com o foco DO cliente, ficou decepcionado, irritado, contrariado, sentiu-se lesado e, neste momento, jura de pés juntos que nunca mais comprará nada daquela loja/marca e vai contar para todo mundo o que aconteceu. Ele quer evitar que outros sejam enganados ou passem pela mesma terrível e desditosa experiência.

Ou seja, para ele, parece que nada correu bem.

Empatia

Assim como no caso de simpatia, empatia também é uma palavra com vários significados e igualmente utilizada sem muito critério. Vamos contextualizar seu significado e utilização de acordo com um dos nossos principais objetivos aqui — entender melhor as relações emocionais existentes nas interações entre os clientes e as empresas. Sendo assim, e neste contexto:

Empatia, essencialmente, é estar em um estado de conexão mais profundo com o próximo, chegando ao ponto de sentir as emoções e sensações do outro como se fossem próprias.

Abrindo um pequeno parêntese antes de prosseguirmos.

Espero que você tenha percebido na minha definição sobre simpatia e empatia que fiz questão de dizer "ter" e "estar", e evitei usar o "ser". Por vários motivos, mas principalmente, pela volatilidade que o uso desses verbos pode atribuir ao objeto.

Ter: mais ligado à posse de algo como se fora adquirido e conota alguma possibilidade de ser negociável. Acredito que não é o caso dessas habilidades.

Estar: mais ligado ao momento em que a ação acontece e, por isso, traduz um pouco melhor a minha intenção de evidenciar a volatilidade e a fragilidade da capacidade durante a relação humana.

Finalmente, evitei utilizar o verbo "ser" com todas as minhas forças, pois este conota uma equivocada perenidade de capacidade e habilidade — algo desejável, mas pouco alcançável. Dizer que somos algo é uma declaração metafisicamente muito mais ousada do que dizer que temos ou estamos com algo.

Gosto muito das referências filosóficas e metafísicas que nos lembram sempre:

"Não somos, estamos."

Dito isso, vamos fechar o parêntese, voltar ao nosso entendimento sobre empatia e retomar o caso do cliente que entrou na loja para trocar o produto defeituoso:

... e quando o cliente disse que o produto estava com defeito e precisava trocar, o atendente, tocado pela situação e sentindo a frustração do cliente, prontamente chama o seu supervisor, explica o ocorrido e solicita a resolução do problema a qualquer custo, afinal, tomado pela dor e frustração do cliente, ele mesmo já não suporta mais a angústia de não ter o produto funcionando conforme previsto e prometido pela empresa.

Pareceu um pouco exagerada a minha descrição empática do atendente? Eu também achei, mas isso é empatia.

Quando estamos em um estado empático com outra pessoa, choramos, sorrimos, sofremos e vibramos juntos. Qualquer nível de conexão emocional menor que esse não deveria ser chamado de empatia.

Sabe quando encontramos um amigo sofrendo pela perda de um ente querido e sofremos juntos, mesmo sem você ser tão próximo ou até desconhecer o tal ente querido?

Então você entendeu o que é a verdadeira emocional e neurofisiológica empatia humana. A empatia é tão específica e especializada que possui neurônios especiais dedicados a nos ajudar a alcançar esse estágio superior de humanidade - são os chamados neurônios espelho.

Porém, eu te pergunto e me questiono, seria razoável exigirmos de uma organização que todas as interações nos pontos de contato com os seus clientes sejam nesse nível de conexão emocional?

Essa é minha provocação sobre o uso indiscriminado da empatia. Encontramos em todas as partes textos e vídeos dizendo e pregando que se não for empático, não serve. Apenas digo para irmos devagar com esse discurso para não criarmos dogmas modernos da "Era da Experiência do Cliente".

Estar empático é estar em um estado energeticamente muito desgastante e quase insustentável, a longo prazo. Não é difícil imaginarmos como seria delicada e volátil a nossa vida se a cada interação social o outro sentisse exatamente o mesmo que nós estamos sentindo. Já pensou?

Existem momentos mais adequados para cada tipo de conexão. Como falei logo no início do livro, neurociência, economia do comportamento, meditação e várias outras habilidades e conhecimentos que nós podemos desenvolver surgem em nosso radar à medida que buscamos conhecer um pouco mais sobre nós mesmos — o que é algo muito útil de se fazer antes de tentar definir e entender melhor o outro.

Se ser empático é desgastante e praticamente inviável de manter em longo prazo, e ser simpático é ser superficialmente agradável e amável durante uma relação pessoal, o que mais podemos fazer para promover relações mais humanizadas entre os clientes e as empresas?
Esta é uma ótima pergunta e acredito que uma boa resposta reside no entendimento de outra emoção humana bastante poderosa, mas ainda pouco utilizada no meio empresarial.

Compaixão

Sim, compaixão. Palavra forte e sentimento poderoso quando aplicado nas relações humanas.

É muito mais comum encontrar a palavra compaixão em textos de autoconhecimento, desenvolvimento emocional, relações sociais e tudo que se refere ao trato das relações humanas nas quais existe uma situação de fragilidade para ao menos uma das partes envolvidas.

Devemos e podemos incluir a compaixão não apenas nas relações entre pessoas, mas com igual intensidade e frequência nas relações internas que acontecem em nossa mente.

Durante boa parte do tempo, somos muito cruéis com nós mesmos, chegando a ser juízes impiedosos e carrascos de nossa própria existência.

Esse fato, sem querer avançar por uma seara de psicologia rasa, mas compartilhando um pouco do que aprendemos quando buscamos entender melhor quem somos, a nossa crueldade conosco é causa de boa parte dos distúrbios que encontramos com frequência. Pessoas com dificuldade de aceitação de sua aparência, a eterna luta pelo bem material para compensar outras ausências, o implacável perfeccionismo que nos leva a procrastinar uma vida inteira, o estresse por resultados imaginários, as milhares de histórias que criamos e ouvimos em nosso subconsciente e muito mais.

O ser humano é capaz de coisas incríveis, tanto para o bem quanto para o mal. Apesar de por muitas vezes não parecer, ainda vivemos em uma sociedade orientada a fazer o bem. Fazer o bem é algo intrínseco e natural para quase todos nós.

Sentir algum tipo de piedade e fazer uma gentileza para o outro que sofre é uma capacidade humana maravilhosa e que podemos explorar positivamente neste nosso desafio.

Por isso tudo, a definição que utilizarei neste livro para retratar a compaixão em nosso contexto de relações entre clientes e empresas é a seguinte:

Ter compaixão, fundamentalmente, é estar conectado emocionalmente à situação do outro, ao ponto de despertar um legítimo interesse em ajudar.

Não te parece mais interessante promover a compaixão nas relações entre clientes e empresas? Não disse que é fácil, mas interessante. Como disse um pouco antes no texto, para ter compaixão com outros, também precisamos ter compaixão com nós mesmos. Esse é, talvez, o maior e mais constante desafio para todo ser humano.

Voltando ao caso do cliente que queria trocar o produto defeituoso na loja:

... e quando o cliente disse que o produto estava com defeito e precisava ser trocado, o atendente pegou o produto, tentou descobrir se poderia haver algum lapso na configuração por parte do cliente, testou novamente, compartilhou a sua percepção com o cliente e disse claramente: "Sim, está com defeito e eu não consigo resolver agora. Pedimos desculpas por esse inconveniente. Fique tranquilo, vamos resolver isso já."
O atendente foi ao supervisor, explicou a situação e ambos voltaram para o cliente. Nesse momento o supervisor da loja entrega um produto substituto e, como agradecimento pela paciência e boa vontade, entrega também um voucher de presente para que o cliente utilize em qualquer loja da rede e adquira algo que o faça sentir atendido adequadamente. Afinal, isso era o mínimo que a marca poderia fazer, pois sabe que ninguém compra seus produtos para ter que trocar.

Quando uma troca por defeito acontece, a marca sabe que gerou um problema na vida do cliente e, nesse momento, a única coisa a se fazer é pedir sinceras desculpas, reconhecer que errou e ajudar o cliente a reduzir o desconforto gerado pela situação.

Simpatia, Empatia e Compaixão

Se você achou adequada a abordagem da marca nessa última solução, você entendeu que a perspectiva do cliente não está conectada e nem liga para os processos e regras da empresa. A emoção do cliente, nesse caso, estava sendo construída e reconfigurada durante o atendimento no ponto de contato em que aconteceu a interação com a empresa.

Se você achou inadequada, inviável ou exagerada a abordagem da marca nessa última solução, você precisa ver o estrago que as marcas sofrem diariamente por não tratarem os clientes dessa forma. São verdadeiras guerras físicas e cibernéticas entre as empresas e os clientes com reclamações, ofensas, defesas, ataques e, principalmente, uma implacável e incontestável perda de valor percebido por parte de clientes e possíveis clientes.

Isso acaba com qualquer negócio. Por melhor que seja o marketing, hoje em dia, nada substitui o compartilhamento de experiências dos clientes.

O boca a boca virtual é infinitamente mais poderoso do que há algumas décadas.

Reconhecer que erramos é mais nobre e verdadeiro do que qualquer tentativa procedural ou jurídica de se livrar do problema. Não podemos esquecer que os clientes são seres humanos e todos nós temos mecanismos cerebrais especializados e dedicados a perdoar pequenos problemas, desde que tratados com honestidade e boa vontade — com alguma compaixão percebida.

Sendo assim, e para encerrar essa breve sensibilização sobre simpatia, empatia e compaixão, quero completar esta etapa deixando claro que não estamos escolhendo "o campeão" ou a "abordagem emocional definitiva".

Na verdade, o que tentei mostrar aqui foi que, sem reconhecer as sutis e importantes diferenças que existem nesses três sentimentos, estamos perdendo *insights* ou ideias sobre quando pode ser melhor utilizar e promover cada uma de suas características mais fortes.

Durante a fase de entendimento e segmentação de clientes por *personas*, empatia para se aproximar da realidade diária dele, é uma ferramenta essencial.

Ao avançar para projetar melhorias nos pontos de contato e interações, entender os pontos de dor dos clientes pode nos auxiliar a pensar e entregar melhores experiências com pitadas saudáveis de compaixão. Obviamente, as interações que o cliente realiza com a empresa devem sempre ter a simpatia e boa vontade como base do atendimento, mas não devem encerrar em si mesmas como a derradeira métrica de sucesso da interação.

Durante a descrição do método que utilizaremos no livro, que veremos mais adiante, voltaremos a tratar desse tema com uma aplicabilidade prática e direta em cada etapa proposta.

Para encerrar, pense e reflita com seus botões sobre o seguinte desafio empresarial:

Como ajudar os colaboradores que atendem os clientes, a agirem de maneira mais simpática e com compaixão?

Conceitos

Princípios

Valores

O Design Organizacional

Parafraseando a mim mesmo, deixo aqui uma declaração inicial importante:

Chegou a hora de entender o design organizacional de maneira mais integrada, interfuncional e interorganizacional. Só assim treinaremos o olhar necessário para a construção de melhores soluções, com muito mais valorização e engajamento do ser humano, e a entrega de experiências memoráveis para os clientes.

É importante atentar para essa declaração e perceber que estamos diante de mais um domínio que se apresenta ao profissional de gestão do século XXI. Estamos falando do *design* de experiência organizacional.

Vamos entender o termo "*design*" antes de avançar. Podemos dizer que *design* possui muitos significados dependendo da perspectiva que o trata. São definições bem distintas e percebidas diferentemente pelo arquiteto, o engenheiro, o projetista industrial, o especialista em interface de usuário, o artistas plástico e assim por diante. Porém, existe algo em comum para várias dessas mentes e perspectivas, e esse elemento em comum é a compreensão de que o *design* trata da concepção de algo nos níveis de formas (1) e funcionalidades (2), obviamente, podendo estar relacionado a produtos, processos, soluções, serviços ou experiências.

Uma observação: não vou traduzir o termo *design* para não provocar interpretações estranhas que podem atrapalhar a compreensão. Chamar design de "concepção", "desenho" ou "projeto" pode levar a diminuir a sua relevância logo no início.

Portanto, utilizaremos somente o termo *design* e você precisará apenas internalizar o conceito que, neste caso, é muito mais útil que a própria etimologia ou o significado literal da palavra.

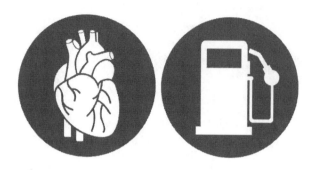

Design - Forma e Funcionalidade

Quando eu disse que "chegou a hora de entender o *design* organizacional de maneira integrada, interfuncional e interorganizacional", na verdade, estou propondo e clamando que os profissionais procurem:

1- Enxergar o todo
Não é mais viável continuar com a visão da cadeia de valor isolada pelos silos da especialização do trabalho.
Esses organogramas anacrônicos, da mesma forma que os *Gremlins** alimentados após a meia-noite, até parecem inofensivos num primeiro momento, mas se multiplicam e criam o caos por onde passam.

*Não viu o filme? Então, anote aí e boa diversão no fim de semana.

2- Compreender as relações do todo
Mais que enxergar além das fronteiras funcionais das áreas, os profissionais precisam considerar o que hoje é chamado de

ecossistema empresarial (o antigo "ambiente de negócio"). As relações entre as empresas são cada vez mais tecnológicas e dinâmicas, assim como as interações dos clientes com as organizações. Sem uma visão clara de como acontecem as relações entre cada um desses elementos (tanto lógica quanto física), é praticamente impossível entender a dinâmica geral de cada cenário de realização (que são as instâncias de interação nesse megainterconectado mercado).

Continuando com a citação inicial, "Só assim treinaremos o olhar necessário para a construção de melhores soluções, com muito mais valorização e engajamento do ser humano, e a entrega de experiências memoráveis para os clientes."

Quando considerávamos a jornada de modernização das organizações com a popularização da disciplina e das tecnologias de BPM, ainda por volta de 2003, vínhamos de um cenário tecnológico muito diferente do que temos hoje.
Lembro muito bem das dificuldades que tínhamos na época para fazer integrações entre processos de empresas diferentes, áreas diferentes, tecnologias diferentes e protocolos dos mais variados. Era quase sempre necessário realizar um projeto de *software* bastante demorado e robusto para viabilizar essa demanda. Isso mudou completamente.

Os novos BPMS (*Business Process Management Systems* — sistemas para gestão, integração e automatização de processos), são ferramentas maduras e muito mais amigáveis. Hoje, é relativamente simples entender, projetar, implantar e gerir processos organizacionais sem muita codificação. Porém, não existe mágica. Dependendo da complexidade do cenário tecnológico envolvido, algum desenvolvimento provavelmente será necessário.

Ainda sobre os BPMS, a evolução da BPMN (*Business Process Modeling and Notation* — ou notação para modelagem de processos de negócio), a criação da DMN (*Decision Model Notation* — ou notação para modelagem de decisões), da CMMN (*Case Management Model and Notation* — ou notação para modelagem de gestão de casos) e de outras maneiras de representar e executar decisões, casos e atividades de processos, tem contribuído grandiosamente para o que hoje chamamos de "Processos Digitais". Mas, muito cuidado com o termo processo digital. Existe uma grande diferença entre digitalizar papel e trabalhos burocráticos (1) e construir e automatizar processos com inteligência, capacidade de decisão e execução (2). A segunda opção é o que melhor retrata os processos digitais.

Antigamente, lá por volta de 2006-2009, chamávamos essas abordagens tecnológicas para eliminação de intervenção humana na realização do trabalho, de "automação/automatização". Atente para o detalhe de que isso não é o mesmo que gestão de documento, digitalização de papel ou outra coisa parecida. Permita-me explicar um pouco mais.
Automatização de processos busca eliminar ou reduzir a necessidade de um ser humano atuar em uma tarefa para acontecer uma tomada de decisão em processos, bem como reduzir a quantidade de interações não desejadas ao longo da execução (eliminando retrabalho, alçadas, erros, exceções indesejadas e outras).

Quando reduzirmos/eliminarmos atividades sem valor, seremos capazes de projetar/conceber atividades com maior percepção de valor para os colaboradores e para os clientes.
Digitalização é, em última análise, um esforço organizacional para transformação da tramitação física de evidências e insumos de trabalhos em algo mais fluido, menos demorado e escalável.

Porém, essa digitalização não é sinônimo de melhoria do processo, afinal, os processos ruins e sem valor continuarão a existir em sua essência.

A mudança aconteceu apenas no nível procedural. Essa não é a melhor abordagem, mas, em muitos casos, é a única possível naquele momento.

Enquanto tivermos pessoas trabalhando nas organizações, continuará sendo essencial cuidar da gestão de mudança, da cultura organizacional, da capacidade de engajamento de seus atores por um propósito maior, da sua percepção de benefícios, de desafios, diversão etc. E considerando o item diversão, quando falamos de gamificação (*gamification*), muitos acham que estamos tratando apenas dos elementos necessários para a criação de jogos organizacionais. Isso é só uma pequena parte do todo. Gamificação serve, em seu propósito maior, para conceber e construir (*design* novamente) experiências mais atraentes, interativas e que permitem que as pessoas façam coisas de maneiras mais interessantes, estimulantes e divertidas.

Conforme diria Mary Poppins:

"Encontre a diversão e o trabalho termina."

O conceito de diversão sempre esteve acompanhado de criatividade e leveza. Uma organização moderna precisa entender que, nesse mundo cada vez mais conectado, desatento, imediatista, ansioso e incerto, como um antídoto inconsciente para o excesso de estímulos e o estresse causado por isso, as pessoas buscam leveza e facilidade em quase tudo. Lembre-se, nossos clientes são pessoas e os colaboradores também.

Ou seja, apenas para ilustrar a ideia ou o conceito maior de *design* de experiência organizacional, estamos falando de considerar tudo o que foi dito até aqui e muito mais. Precisamos entender e aceitar que não conseguiremos cumprir com as promessas que fazemos aos nossos clientes e colaboradores se não tratarmos do todo em sua forma e funcionalidade — o *design* da experiência.

O *design* organizacional pode e deve compreender todas as perspectivas envolvidas: as de dentro para fora (1), considerando a realidade dos que trabalham para entregar melhores experiências aos clientes e, obviamente, a experiência de fora para dentro (2), que se materializa e concretiza a cada interação da marca com os clientes ao longo das jornadas.

Apenas para contextualizar o movimento que se consolida, em 2017 convidei alguns colegas distribuídos pelo mundo para começarmos a discutir e evoluir nesse tema. Para tanto, criei um ponto de encontro digital, um *hub* profissional que chamamos de *Business Experience Design International Alliance* (Aliança Internacional para o Design de Experiência de Negócios).

Em 2020 lançamos publicamente o endereço do nosso *website* e começamos a desenvolver o BXD KCM - *Business Experience Design Key Competencies Model* (Modelo de Competências-Chave da BXD). Nele estamos orientando os colegas interessados em atuar nesse novo fascinante universo da gestão organizacional do século XXI.

Visite a nossa página em **www.BXD-ia.org** e conheça os detalhes, as competências e as habilidades que precisamos desenvolver e compartilhar para tornar a função do *designer* de experiências de negócio uma realidade internacional e com a devida relevância percebida pelo mercado. Sempre recebemos novos interessados em participar e colaborar. Considere-se convidado desde já.

Quando penso em BXD, tenho a mesma sensação que tive em 2006 com relação ao BPM. Acredito, realmente, que este é um grande passo para a evolução do profissional de processos, gestão, qualidade e tudo mais que está relacionado e orbita a capacidade das organizações de cumprirem suas promessas institucionais para clientes e colaboradores.

Como mencionei no início, realmente acredito que está na hora de reduzirmos a nossa fragmentação sensorial e, de maneira pragmática, lógica e emocional, melhor entender as relações entre as organizações e as pessoas.

Alguns colegas já estão mais preparados e calejados o suficiente para aceitar esse desafio e caminhar conosco. Outros ainda precisam se preparar, caminhar um pouco mais e alcançar o ponto que chegamos para, aí então, se unir ao grupo e desbravar esse maravilhoso mundo novo.

Obviamente, e sem dúvida alguma, também acreditamos que muitos outros nem mesmo perceberão que caminhar nessa direção é preciso. No movimento BXD, não somos alarmistas ou arautos da obsolescência disruptiva. Somos todos profissionais de mercado, atuantes no dia a dia, e que se uniram para fomentar uma necessária evolução de conceitos e percepções. Nossa grande missão é apoiar outros colegas a definir e trilhar a sua própria jornada.

Acreditamos e incentivamos o conceito de *Lifelong Learning* (aprendizado ao longo da vida).

Compartilhar o que foi aprendido pode ser entendido como uma dádiva. Afinal, dividir conhecimento é multiplicar crescimento.

Conceitos

Princípios

Valores

Customer Centricity

Acredito que para ter algum êxito na explicação de um método que pretende ser prático, é preciso voltar uns passos e ser um pouco mais teórico no início. Pode parecer estranho, mas você vai entender o que quero dizer.

Como podemos ensinar alguém a projetar uma jornada de cliente com experiências memoráveis sem antes ensinar o que é um cliente?
Como falar sobre experiências memoráveis sem antes entender o que é uma experiência, como elas acontecem, como são registradas em nosso cérebro e, por isso, como podem ser mais ou menos memoráveis dependendo da pessoa?

Sendo assim, e fechando essa provocação inicial, quero trazer para o prólogo do método, um tema fundamental para diferenciar os nomes, os tipos e as abordagens que encontramos com alguma recorrência no mercado atual. Vamos falar de um conceito bastante amplo sobre "colocar o cliente no centro de tudo" - conhecido mundialmente por *Customer Centricity*.

Sou adepto de algumas definições e percepções sobre o que é *Customer Centricity*, como criamos, identificamos e quem precisamos envolver para que esse conceito poderoso se multiplique e tenha capacidade de influenciar valores organizacionais e promover a tão desejada e necessária mudança cultural. Antes de analisarmos algumas definições que considero e sigo, posso adiantar que, acima de tudo, *Customer Centricity* exige uma mudança tão grande que, sem termos os valores (re)alinhados, não há cultura organizacional que permita a sua realização diária.

Sempre levo em consideração algumas boas definições sobre *Customer Centricity* quando vou falar sobre o assunto com clientes e colegas. Porém, depois de investido algum tempo explicando e vivenciando algumas, acabei por refinar a minha própria versão e acredito que ela está bem sucinta e traduz a intenção maior do conceito.

Customer Centricity é uma mudança de mentalidade da liderança organizacional (1) que posiciona o cliente no centro das atenções (2), reorienta a estratégia organizacional (3) e viabiliza a entrega das experiências necessárias para clientes (4) e colaboradores (5).

Você pode estar pensando:
Mas já não é assim hoje em dia, o cliente não é o centro das atenções nas organizações?

Pense novamente, recupere algumas lembranças mais recentes de interações que você teve com empresas e diga-me: você sentiu-se como o centro das atenções daquela empresa... ou apenas um comprador, utilizador, alguém que dependente dos seus produtos e serviços?
Nem é preciso muita pesquisa para estimar qual será a sua resposta, afinal, a mediocridade nas experiências não é um fato isolado ou uma exceção à regra — pelo contrário.
Nossos dias estão recheados de aborrecimentos e interações desditosas com empresas privadas, públicas, mistas e o que mais existir. Isso é tão verdadeiro em nossas vidas que ficamos maravilhados quando uma nova empresa resolve ser um pouco melhor e entregar experiências mais agradáveis para as necessidades transitórias de nosso dia a dia.

São melhorias conceitualmente simples, mas que já estavam degradadas ou abandonadas do ponto de vista do cliente. Coisas como pegar um transporte do ponto A para o ponto B com facilidade, reservar rapidamente e com alguma segurança, um lugar para passar uns dias, assistir alguma coisa interessante na TV, utilizar um meio de transporte compartilhado, ou conduzir sozinho e pagar apenas pelos minutos utilizados, baixar milhares de livros que, provavelmente, nem serão lidos mas são assinados por um preço fixo mensal, comprar com mais rapidez e facilidade as coisas que nem precisamos... e por aí vai.

Você deve ter percebido as referências aos gigantes dominantes atuais, só não quis repetir os mesmos nomes que você já está cansado de ouvir, ler e utilizar. Mas sei que você foi capaz de os identificar. Essa é só mais uma prova de como a conveniência, o controle e a autonomia são valorizadas por nós — os clientes.

Você conhece algum exemplo de serviço público que tenha equivalência com os casos acima mencionados?

Não quer dizer que é impossível, mas que precisamos melhorar muito até alcançar um patamar mínimo quando se trata de experiência do cidadão.

Voltando ao *Customer Centricity*, vamos analisar isoladamente o todo, e entender melhor os trechos da definição completa que apresentei no início deste capítulo:

Customer Centricity é uma mudança de mentalidade da liderança organizacional (1)...

Sim, estamos falando de uma mudança organizacional que não é viável sem que a alta administração e suas lideranças sejam envolvidas e estejam engajadas. Não será fácil, rápido ou simples. Por isso mesmo, sem patrocínio da alta administração, nada será efetivamente feito. Ficará apenas no discurso e na declaração de missão pendurada nas paredes e corredores.

... posiciona o cliente no centro das atenções (2)

Esse é um poderoso e subestimado trecho. Posicionar o cliente no centro das atenções é algo extremamente difícil inicialmente. Fica mais difícil ainda quando a organização é muito grande e já tem algum tempo de vida. É impressionante como as grandes organizações (não todas obviamente) se distanciaram dos clientes nos últimos anos e os transformaram em compradores, fatias de mercado, carteiras compartilhadas, taxas de retenção e outras coisas que só fazem algum sentido na cabeça de quem se importa mais com a criatividade contábil e financeira do que com a felicidade dos clientes. Espero que a sua empresa não esteja assim.

... reorienta a estratégia organizacional (3)

Uma vez o cliente posicionado como o centro das atenções pela alta administração e suas lideranças, é chegado o momento da revisão estratégica. Será que, com o posicionamento estratégico não centrado no cliente, a organização estava seguindo por uma direção de crescimento e realizações, ou já estava na luta para sobreviver, e enxergando inimigos em cada novo concorrente?

Uma constatação bastante comum é que organizações menos centradas no cliente, facilmente, encontram-se em constante estado de alerta e prontidão reativa (estresse organizacional).

Como falamos logo no início desta obra, entender um pouco mais sobre o funcionamento e a fisiologia do cérebro humano também te ajudará a desempenhar melhor a sua função nesse mundo da experiência do cliente. No caso do constante estado de alerta e prontidão reativa, e considerando que as empresas são feitas de pessoas, uma pessoa em constante estado de alerta é uma pessoa estressada. Todos sabemos que o estresse é um estado mental inconsciente e com efeitos negativos quando experimentado por longos períodos.

Diz-se atualmente que é o estresse é o causador de boa parte das enfermidades do ser humano moderno.

Sendo assim, essas empresas, nesse estado emocional constante, estão suscetíveis aos mesmos desequilíbrios e consequências.

Colaboradores estressados produzem experiências negativas e processos defeituosos. Essas não são empresas em um estado saudável.

Gosto muito da ideia de que não é possível entregar experiências positivas para os clientes quando os nossos colaboradores não estão felizes. Faz sentido?

E o último trecho da definição:

... e viabiliza a entrega das experiências necessárias para clientes (4) e colaboradores (5).

Como acabamos de entender ao falar do estresse organizacional, este último trecho serve para corroborar toda essa informação e percepção moderna sobre a intrínseca ligação que existe entre a qualidade de vida do trabalhador e a capacidade organizacional de prover e garantir experiências memoráveis e positivas para os seus clientes, ao longo das jornadas de relacionamento.

Essa relação é compreendida como razoável nos dias de hoje, mas sabemos que nem sempre foi assim.

Em épocas que, felizmente, parecem cada vez mais distantes, já lemos e ouvimos curiosas declarações estratégicas, tais como:

— "O cliente pode escolher qualquer cor, desde que seja preta"
— "Se fosse ouvir os clientes, faríamos cavalos mais rápidos."

Sim, estas frases são alegadamente ditas por Henry Ford. Mas não podemos dizer que são verdadeiros absurdos e tirá-las do contexto histórico e social de quando foram ditas, no início do século XX. Éramos muito diferentes de hoje.

Hoje, como veremos no método, os clientes são muito mais esclarecidos (uma grande parcela), e isso provocou e ainda provoca grandes mudanças sobre expectativa, autonomia, transparência, colaboração e percepção de valor de produtos e serviços.

Quando falamos de *Customer Centricity*, precisamos entender que estamos dizendo que a organização se preocupa em como as suas ações e decisões podem afetar as experiências dos clientes.

É uma organização que percebe que um cliente não é um resultado ou produto de ações de vendas, marketing ou qualquer outra ação funcional isolada. Uma organização centrada em clientes, envolve pessoas, tecnologias e processos no *design*, construção e entrega de melhores experiências para os clientes, e não apenas melhorias operacionais internas.

A cultura centrada em cliente faz com que as regras, decisões, normas, políticas, processos, pontos de contato, canais de comunicação... tudo esteja orientado e priorizando os clientes. No mundo atual, por mais incrível que possa parecer, as empresas que têm os melhores produtos e serviços não começaram pela concepção de produtos e serviços para depois estabelecer nicho, público-alvo e atacar o mercado com ações de marketing.

Perspectiva da Organização Centrada em Clientes

Pelo contrário, ao analisarmos a história de algumas dessas empresas, encontraremos alguns elementos em comum, principalmente, encontraremos a decisão estratégica de primeiro entender o cliente para depois criar melhores soluções para os seus problemas, desejos e necessidades, e sempre se preocupando com a entrega, ou seja, a experiência que o cliente terá ao interagir com o produto ou serviço da marca.

No mundo atual, não devemos começar com o produto ou serviço para depois conquistar clientes. Precisamos começar entendendo os clientes para depois criar soluções e, finalmente, entregar experiências.

Conceitos

Princípios

Valores

Customer Experience

Finalmente, chegamos a um dos temas centrais desta obra. Sem entendermos esta parte, nada fará sentido mais adiante. Portanto, veremos agora alguns conceitos, princípios e valores que norteiam e fazem parte deste fascinante universo que é a experiência do cliente.

Começando bem do início, nada melhor do que explicar o nome e seu significado. *Customer Experience*, ou Experiência do Cliente, pode ser entendido como um conceito bastante abrangente e, por isso mesmo, é comum encontrar algumas definições e percepções ainda conflitantes. Mas o ajuste é algo natural e acontecerá à medida que avançarmos com a prática, assim a teoria ficará um pouco mais óbvia e será reforçada.

Um breve aviso: com o intuito de facilitar a leitura do texto, a partir deste ponto passarei a referenciar *Customer Experience* — Experiência do Cliente, utilizando apenas o seu acrônimo mais comum que é CX.

Para instigar a nossa compreensão e percepção sobre tão amplo conceito, trago algumas definições de CX que gosto bastante e as entendo como complementares.

"CX é o resultado do relacionamento que o cliente tem com a empresa através de comunicação, interações e transações."

James Dodkins

"CX é a maneira como os clientes interagem com uma organização e inclui as interações realizadas com pessoas, processos e produtos."

Steve Walker

Continuando com as definições, trago uma provocação que um colega de profissão, e referenciado autor e consultor de CX, Matt Watkinson, costuma fazer e sempre gera grande burburinho entre os colegas e outros especialistas. Por toda essa comoção gerada, a provocação parece-me adequada para receber lugar nesta obra e nos fazer pensar mais um pouco.

Apresento a seguir uma versão da provocação original de Matt, mas que já foi digerida, ajustada e agora também está comentada para o contexto do livro. Entretanto, mantenho os pilares fundamentais de sua ideia.

1. CX como tudo e qualquer coisa
Considerando que tudo pode afetar e impactar a percepção da experiência do cliente, CX pode ser muito abrangente e incluir, entre outros elementos, a relação direta com o preço, a marca, o produto, a propaganda, o serviço e muito mais.

Uma boa questão para se considerar aqui é: será que essa percepção não ignora certas especializações do trabalho de CX e, inclusive, pode levar a uma percepção sobre um alcance organizacional demasiadamente grande?

2. CX como tecido conjuntivo
Todos, praticamente, ainda trabalham em silos empresariais, portanto, os times e especialistas em CX precisam agir longitudinalmente, interfuncionalmente, para unir os pontos e cobrir as lacunas.

Essa percepção já é bem mais pragmática que a primeira, porém, percebemos que ela também exigirá grande cooperação, acompanhamento constante e muita influência para que consiga alcançar bons resultados.

3. CX como uma questão cultural
Um bom CX é uma questão de atitude. A organização não precisa de um time de CX, afinal, todos fazem parte da mudança e essa é a nova cultura organizacional. Neste caso, é o mesmo que dizer que CX está ou não no DNA da empresa.

Como falamos no trecho no qual tratamos de conceitos, princípios e valores, podemos perceber que mudar a "cultura" organizacional é tão ou mais complexo que mudar valores humanos. Se a organização depender da mudança cultural para melhorar a experiência dos clientes... esperaremos por um bom tempo.

4. CX como o meio para um fim
A organização define os objetivos, tais como melhorar a taxa de conversão de clientes, a redução do volume de devoluções etc., e questiona aos especialistas:
"Como podemos utilizar as habilidades de CX para alcançar esses objetivos organizacionais?"
Neste caso, a organização está se referindo a habilidades técnicas bem específicas, tais como pesquisa de cliente, mapeamento de jornadas, *design* de interação, interfaces e outras.

Minha questão aqui é: essa abordagem seria considerada a mais adequada para uma organização que ainda não é centrada em clientes?
Nenhuma dessas percepções anteriores são excludentes entre si, ou perfeitas, mas nos ajudam a refletir um pouco mais sobre como podemos abordar de maneiras tão distintas um conceito tão amplo. Por esse mesmo motivo, CX ainda é individualmente interpretável e pouco compreensível para os colegas mais interessados em algum pragmatismo científico.

Conforme mencionei anteriormente nesta obra, não estamos em busca de prescrições dogmáticas que podem nos empurrar para o indesejado "cantinho organizacional da falta de flexibilidade".

No entanto, ainda precisamos avançar um pouco mais com a teoria e propor conceitos comuns que traduzem princípios e influenciam os valores necessários para que a mudança aconteça.

Esse foi um dos grandes propósitos orientadores que me fez investir na escrita deste livro.

Antes de propor a minha concepção, vejamos o que a SAS, uma das grandes empresas mundiais em análise estratégica de dados, propõe para CX:

"CX é a percepção de seus clientes (consciente e subconsciente) sobre o relacionamento deles com a marca, resultante de todas as interações durante o ciclo de vida do cliente."

E finalizando essa quase infinita lista de referências complementares, vejamos mais uma antes de avançar.

"CX é a prática de projetar e reagir às interações do cliente para atender ou exceder as expectativas do cliente e, assim, aumentar a satisfação, a lealdade e a defesa do cliente."

Gartner Group

Particularmente, gosto bastante dessa definição proposta pelo Gartner Group. Especialmente quando consideramos e observamos CX pela perspectiva de disciplina de gestão, e nesse contexto, parece-me bastante completa.

Para finalizar este trecho dedicado ao entendimento essencial do conceito de CX, compartilho aqui a minha visão, que é complementar ao que já vimos e ainda contextualiza o conceito para o nosso dia a dia.

CX é uma composição volátil (1) de registros emocionais (2), criados enquanto a pessoa interage com uma organização (3), ao tentar realizar um desejo (4), resolver uma necessidade (5) ou atender a uma obrigação (6).

Em minha concepção atual, essa é uma boa definição de CX, pois considera elementos que entendo como essenciais e presentes sempre que um cliente precisa agir para alcançar um objetivo. Vamos analisar cada um destes elementos destacados.

**Uma Composição Volátil
de Registros Emocionais por Interação**

Desejo   Necessidade   Obrigação

A Experiência do Cliente - Customer Experience

CX é uma composição volátil...
Levei algum tempo pensando até conseguir chegar na ideia de "composição volátil", mas acredito que ela exprime bem o que se pretende destacar.

Uma composição, tal como na música, é criada pela combinação de três elementos essenciais: ritmo, melodia e harmonia. O seu gosto pessoal por música deve contemplar alguns estilos com os quais você mais se afeiçoa e, provavelmente, já mudou e ainda mudará com o passar do tempo e por influência de uma longa lista de novos estímulos.

Quando digo que CX é uma composição volátil, desejo traduzir a noção de que, tudo o que o cliente experiencia precisa estar no ritmo certo, com uma melodia agradável e entregue de maneira harmoniosa no momento em que acontece. E quando falamos do momento em que acontece a interação, estamos imediatamente envolvidos na volatilidade, na inconstância da composição.

Ou seja, o ritmo, a melodia e a harmonia podem estar "perfeitos" em um determinado momento, mas em uma próxima interação não existe a garantia de que a música será executada ou percebida como antes. Esse é um grande desafio para organizações que consideram importante gerir a experiências dos seus clientes.

... de registros emocionais

Já falamos bastante sobre os registros emocionais que, em última análise, traduzem a percepção do cliente sobre a experiência como um todo. Porém, sempre é bom nutrir a certeza de que CX é sobre emoção do cliente, e não sobre eficiência, eficácia operacional ou qualquer outro indicador de desempenho que tenha característica de medição interna e observado pela perspectiva da organização e seus gestores.

... criados enquanto a pessoa interage com uma organização

A experiência do cliente acontece ao longo de trilhas que ele desenvolve e segue ao tentar alcançar seus objetivos mais variados. Sendo assim, os registros emocionais acontecem enquanto a pessoa interage com a organização ao longo da sua jornada e em pontos de contato específicos.

... ao tentar realizar um desejo

Após avaliar uma gama bastante abrangente de emoções envolvidas nas interações dos clientes, e os motivos pelos quais o cliente realizou aquela ação, consegui agrupar em três motivos essenciais que, obviamente, possuem nuances em suas razões, mas conseguiram se manter na reduzida lista que contempla: desejo, necessidade e obrigação. Neste trecho da minha definição de CX, decidi apresentar a tentativa de "realizar um desejo" como o primeiro motivo pelo qual o cliente caminha na jornada de alcance de seus objetivos.

... resolver uma necessidade

Em segundo lugar, mas não menos importante que o desejo, apresentei na definição de CX a tentativa do cliente de resolver uma necessidade — algo que não pode ser evitado.

... ou atender a uma obrigação

E por último, e não por acaso, apresentei na definição de CX a demanda de atender a uma determinada obrigação - algo que ele está obrigado a fazer e, por isso mesmo, pode não ser tão prazeroso quanto os motivos anteriores, mas ainda importante de ser feito e justifica sua caminhada na jornada que se traduzirá em experiência.

Apenas para ilustrar o poder dos motivos desejo, necessidade e obrigação, vamos imaginar uma situação que envolve um elemento essencial para a nossa vida, está disponível para boa parte da população mundial, é escasso para muitos e, para outros tantos, é um item desprezado. Estamos falando de água.

Desejo

Se você tem sede, mas quer sentir que a sua hidratação pode e deve ser melhor (afinal, você merece o melhor), é possível que o seu desejo seja beber uma água mais "*premium*".

É possível que você pague dezenas de vezes a mais que o valor da mesma quantidade de água comum, apenas para realizar o desejo de se sentir "VIP" e reforçar a sua significância social ao abrir uma bela garrafa de água da VOSS. Hidratação, nesse caso, é apenas um efeito colateral.

Necessidade

Já para quem tem sede, mas não está preocupado com a significância emocional e social do ato de abrir uma VOSS, ou apenas não quer parcelar em 6 vezes no cartão de crédito a degustação de uma bebida incolor, inodora e insípida, provavelmente, o principal critério que você avaliará antes de beber a água é se ela está potável. Pronto. Necessidade de se hidratar resolvida. Vida que segue.

Obrigação

Imagine a torturante situação: você precisa realizar uma ecografia renal, um exame dos rins, e para o sucesso do exame o médico solicitou que você beba uma quantidade de água que só um camelo é capaz. Você o faz e, ao sentir-se como um verdadeiro aquário ambulante, provavelmente, você pensa em não beber água tão cedo. Afinal, só bebeu aquilo tudo por obrigação.

Ou seja, ingerimos o mesmo líquido em todos os casos citados no exemplo anterior, mas geramos uma relação emocional completamente diferente para cada um dos eventos descritos.

Podemos considerar que, na verdade, a diferença está na sensação durante o momento e que está atrelada ao motivo: significância, satisfação e dever, respectivamente.

Dizem que ficar de pé por horas numa fila na Disney não é tão ruim e ainda passa rápido. Talvez isso seja verdadeiro para muitos que visitam o local por puro desejo. Duvido que essa sensação seja igualmente sentida por alguém que está lá apenas por obrigação — que seria exatamente o meu caso.

Quando digo que CX compreende o registro emocional volátil criado na mente do cliente ao interagir com as organizações, preciso resgatar e reforçar um ponto que pode não ficar tão evidente com a definição sucinta. Esse mesmo registro emocional volátil, conforme constatado em inúmeros estudos e pesquisas no campo da neurociência, é um registro que tende a ser mais forte nos extremos — quando algo é muito bom ou muito ruim. Além disso, a consciência emocional sobre o momento enquanto ele acontece é registrada de uma forma e com certa intensidade.

Após passar um tempo desde a ocorrência do momento da verdade (a interação do cliente com a marca), a consciência e a percepção sobre o que aconteceu também serão diferentes - quase uma nova versão ajustada da realidade vivida. Ou seja, como dizem os especialistas, nesses momentos, funcionamos como se tivéssemos duas consciências da situação: temos o "eu, que vivencia o momento" e temos o "eu, que lembra do momento".

Para atuar em CX precisamos considerar essa poderosa variação de percepção emocional sobre os acontecimentos — estejam em andamento ou para os já vividos.

Conceitos

Princípios

Valores

Customer Experience Management

Vamos começar relembrando e considerando a definição anterior de CX como sendo "uma composição volátil de registros emocionais, criados enquanto a pessoa interage com uma organização, ao tentar realizar um desejo, resolver uma necessidade ou atender a uma obrigação". Podemos entender que:

CEM trata do conjunto de habilidades e ações estratégico-gerenciais (1) que uma organização precisa desenvolver e manter (2) para: entender, projetar, implantar, monitorar, avaliar e refinar cada experiência alcançada (3) por tipo de cliente durante a interação com a marca, seus produtos e serviços (4).

Já na definição inicial, conseguimos perceber a configuração de um ciclo de vida mínimo para a boa caminhada em direção à gestão da experiência de clientes. Afinal, realizar um projeto pontual, para melhorar a experiência de um tipo de cliente num determinado ponto de contato, não é o mesmo que gerir toda a dinâmica, complexidade e variedade de experiências, ações, canais, processos, pessoas, pontos de contato e dezenas de "*personas*" diferentes de clientes, que a organização pode ter em seu dia a dia.

Ou seja, tal como a gestão de processos de negócios necessita de uma disciplina orientadora e um ciclo de vida com roteiros, processos e ações práticas para viabilizar e orientar a mudança organizacional, *Customer Experience Managament* (CEM), também exige um esforço muito maior do que o encontrado em projetos iniciados e isolados em áreas de negócio com preocupações individuais. CEM é uma preocupação da alta administração e deve permear as demais camadas de gestão e liderança para que os objetivos e resultados sejam congruentes e entreguem o que realmente importa — melhores experiências para as pessoas.

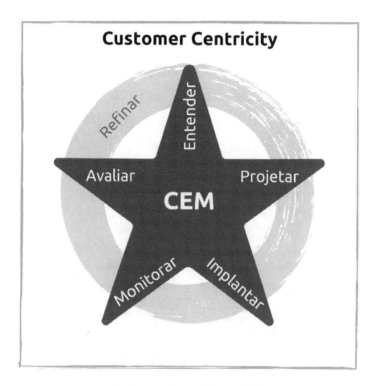

Customer Centricity e CEM

Vamos fazer um pequeno parênteses e tratar da imagem anterior, que representa a ideia de *Customer Centricity* com CEM.

Já que estamos falando de experiência do cliente, avaliação e percepção de valor, achei que seria interessante utilizar o formato de uma estrela para propor o ciclo de vida de CEM.

Sim, queremos avaliações cinco estrelas de nossos clientes. Portanto, para que essas avaliações sejam viáveis e constantes nas interações de nossos clientes com a organização, devemos nos lembrar das "estrelinhas" do CEM.

Observe novamente a imagem da estrela e veja se agora faz mais sentido a utilização dessa figura, e não continuar com o tradicional círculo de todo ciclo de vida.

Precisamos nos preocupar com as estrelas ao pensar em gestão da experiência dos clientes — CEM. Seguindo a proposta da imagem, as estrelas alcançadas se tornarão mais poderosas ainda. Fechamos o parênteses.

Voltando às definições de CEM, também me agrada bastante uma definição utilizada pelo Gartner Group para descrever CEM:

"CEM é a prática de projetar e reagir às interações do cliente para atender ou exceder as suas expectativas e, assim, aumentar a satisfação, a lealdade e a defesa do mesmo."

Gartner Group

Se combinarmos a proposta de CEM desta obra com a definição acima, alcançaremos uma descrição complementar bastante alinhada e, mais ainda, teremos uma definição que destaca a importância de alguns elementos essenciais para a atração, manutenção e crescimento da base de clientes em qualquer organização moderna — satisfação, lealdade e defesa do cliente.

Satisfação e lealdade do cliente são ideias mais diretas e podemos rapidamente compreender suas intenções, porém, o último item mencionado na definição do Gartner Group, merece um pequeno destaque neste momento: defesa do cliente - que se refere ao conceito de *customer advocacy*.

Em uma escala de evolução no relacionamento entre o cliente e a organização, de maneira resumida e não definitiva, podemos dizer que o cliente, ao viver experiências memoráveis, é emocionalmente elevado ao patamar de cliente com alguma lealdade e, se essas experiências memoráveis se mantiverem ao longo das próximas interações, este mesmo cliente pode passar a ser um advogado da marca, tornando-se capaz de divulgar e defender a organização com um elevado nível de entusiasmo e confiança.

Em contrapartida, e pelo conceito de *customer advocacy*, a empresa também está igualmente dedicada a realizar apenas o que há de melhor para os seus clientes reconhecidamente especiais e mais leais. Obviamente, esta capacidade está intimamente ligada ao nível de entendimento que a organização constrói e mantém sobre seus clientes.

Evolução do envolvimento do cliente com a organização

Portanto, considerando o que vimos até este ponto do livro, podemos complementar nossa compreensão sobre o conceito maior de *Customer Centricity* adicionando a noção de que CEM pode e deve atuar como uma abordagem disciplinar estratégico-gerencial para orientar as habilidades, a estrutura e as etapas fundamentais para qualquer organização interessada em colocar o cliente como o foco central em sua estratégia e operação prática.

Dessa forma, podemos considerar que *Customer Centricity* trata do propósito organizacional, o motivo, o porquê fazemos as coisas (o w*hy*).

Customer Experience Managament — CEM, pode ser entendido e definido como uma abordagem disciplinar organizacional que nos orienta e define "o que" devemos fazer, as etapas maiores de maneira global (*what*).

Sendo assim, agora vamos avançar com a leitura para conhecer "como" devemos as coisas que precisamos fazer (*how*) — a etapa mais repleta de envolvimento e ações práticas para que o trabalho de entrega de melhores experiências aconteça.

Com *Customer Centricity* alinhamos o propósito estratégico. Com *Customer Experience Management*, entendemos as etapas e ações necessárias para realizar a gestão das experiências.

Continuando com o refinamento sucessivo de cima para baixo (*top down*) dos nossos conceitos, princípios e valores, está na hora de avançar e alcançar o próximo nível de compreensão: o nível das práticas.

Como disse anteriormente, essa importante parte do livro será detalhada no método e teremos nas próximas páginas uma descrição da abordagem escolhida para guiar nossas ações práticas pelo vasto e rico universo de *Customer Centricity* e como podemos estabelecer o essencial para atuar com CEM — a gestão da experiência dos clientes.

Conceitos

Princípios

Valores

Customer Experience Mapping

Customer Experience Mapping, que trataremos por CXM a partir deste ponto do livro, e *Customer Journey Mapping*, que trataremos por CJM, são dois elementos que causam muita confusão entre curiosos e profissionais da área.

Faremos algumas distinções nesta obra que devem auxiliar o leitor na melhor compreensão e utilização dos termos e conceitos. Vamos começar por entender melhor o CXM.

Quando falamos de CXM, queremos trazer à tona um conceito muito poderoso para as práticas e os métodos que orbitam o vasto mundo das experiências dos clientes.

Vamos considerar um exemplo simples, mas que traduz o conceito de maneira abrangente e objetiva.

Imagine que o gerente de uma academia de Tênis está percebendo um declínio no número de associados, mas, ao mesmo tempo, também observa que a taxa de novos associados permanece constante. Em uma análise inicial, o gerente já é capaz de acreditar que algo de negativo acontece e interfere com o engajamento dos associados logo após o período inicial de inscrição. Tal fenômeno, lentamente, faz com que os associados deixem de comparecer e utilizar as instalações e, finalmente, esse comportamento acaba por influenciar na decisão de não renovar a assinatura, e a academia perde clientes.

Para trazer o exemplo da academia ao universo de CXM, podemos começar questionando o negócio:

"Como é a relação de engajamento do cliente com a academia durante o período contratado?"

Ao avaliar o resultado das associações na academia, já podemos fazer essa pergunta sobre o engajamento do cliente, afinal, a academia consegue atrair e conquistar novos clientes, mas parece ter problemas de manutenção, retenção e evolução.

Em uma abordagem decidida a alcançar uma visão geral mais abrangente, focada no lado comportamental e emocional do cliente, mesmo sem detalhar as ações específicas realizadas em cada ponto de contato, podemos criar os chamados mapas de experiência do cliente. Os mapas de experiência servem para demonstrar a dinâmica emocional ao longo de um determinado período, mas sem entrar em detalhes procedurais específicos. Sendo esse intencional nível de abstração uma das principais diferenças que encontramos entre um CXM e um CJM.

Para ajudar no uso de uma definição simples e abrangente sobre CXM, podemos considerar que:

CXM é uma representação gráfica que procura retratar a dinâmica emocional estabelecida entre o cliente e a marca/produto/serviço durante um determinado período.

CXM reproduz a dinâmica da relação cliente-empresa com orientação espacial de afastamento - *Zoom Out* (mais ampla).

Como você deve imaginar, no caso de não termos os detalhes operacionais das interações do cliente com a empresa, mas possuirmos dados ricos o suficiente e que nos permitam uma avaliação inicial, começar por produzir um mapa de experiência, pode ser um grande aliado na evolução da futura compreensão sobre os pontos de contato e os resultados alcançados.

Outro ponto interessante que devemos observar sobre CXM, que não é obrigatório, mas pode ajudar muito, é utilizar a produção de pequenas descrições textuais no mapa e que refletem o que o cliente está "fazendo, sentindo e pensando" em cada etapa.

Uma dica interessante para você que pretende utilizar a tabela com anotações sobre o fazendo, sentindo e pensando do cliente. Para não perder o foco do cliente, procure descrever as anotações utilizando "Eu" (como se fosse o cliente) e depois o verbo.

Anotações	Fazendo	Sentindo	Pensando
"Eu pesquisei no google sobre academias de Tênis e encontrei boas referências."	*Eu comparo fornecedor e busco avaliações*		
"Eu fiz minha matrícula na academia não pelo preço, mas pelas recomendações das instalações."	*Eu recebo dicas sobre a qualidade das quadras*		
"Eu não participo de um torneio amador faz bastante tempo."		*Eu me sinto um pouco frustrado*	
"Eu não gosto de procurar por parcerias para as partidas."		*Eu me sinto como o único interessado pela minha prática no esporte*	*Eu acredito que a academia poderia fazer essa ação entre os jogadores*

Tabela com Foco do Cliente: Anotações - Fazendo - Sentindo - Pensando

É uma forma interessante de manter o foco certo e ajuda ao promover um pouco mais de compaixão e até empatia durante o exercício.

Se precisarmos de um mapa com as trilhas existentes registradas, CXM pode ser a ferramenta que nos auxiliará a compreender melhor essa leitura. Não enxergaremos as ruas em detalhes e nem mesmo os trilhos já existentes, mas teremos uma visão global com possíveis desvios e alguns problemas conhecidos até o destino.

Sendo assim, podemos acreditar que CXM é mais bem utilizado quando não sabemos exatamente a causa do problema, mas já temos evidências, pela perspectiva do cliente, dos momentos nos quais os problemas se manifestam e geram registros importantes para análise. CXM é um tipo de pré-diagnóstico.

Evolução emocional em Customer Experience Mapping

Com CXM, sabemos e temos algumas evidências de que algo não vai bem, mas reconhecemos que ainda não sabemos nem onde ou porquê.

Para finalizar esta breve definição sobre CXM, é importante lembrar e reforçar que, durante o mapa da experiência, estamos tratando de evidenciar a realidade vigente, como ela atualmente se manifesta, e não como achamos que é ou deveria ser. Funciona como produzir um As Is em BPM.

Espero que o leitor entenda que, quando estamos em iniciativas destinadas a descobrir o comportamento e o sentimento dos clientes, para depois projetar as melhorias necessárias nos produtos, serviços, processos e experiências, uma das maiores certezas que encontraremos ao longo do esforço é: tudo é muito mais subjetivo e desafiador para o nosso cérebro lógico e racional.

Se estamos acostumados a trabalhar no universo das ciências exatas, posso garantir que será inicialmente chocante para o colega perceber como utilizamos intuição, experiências, perguntas e sensações como fonte de inspiração e descrição de trabalhos. Obviamente, também vamos nos valer de dados, registros, interfaces em sistemas e tudo mais que for possível de capturar e analisar para nos ajudar a compreender se, finalmente, estamos ou não entregando as melhores experiências possíveis para os nossos clientes.

Conforme vimos antes nesta obra, para atuar com experiência do cliente, por mais analítico, baseado em dados e lógico que seja o seu método, ainda assim, significa entender cada vez mais sobre seres humanos. Não diria que chega a ser uma forma de arte no seu sentido mais restrito, mas é uma abordagem que engrandece e evolui a nossa percepção sobre os motivos mais obscuros pelos quais fazemos certas ações e nos comportamos de tantas maneiras diferentes.

Nas próximas páginas veremos como aplicar toda essa delicada subjetividade em um método com atividades mais pragmáticas e que nos levam a poderosas composições visuais sobre o que é preciso ser feito, para quem fazemos, como fazemos e o que é percebido de valor ao longo de cada interação com nossos clientes nos mais variados pontos de contato.

Está chegando a hora de aprendermos mais sobre a Jornada do Cliente integrada aos processos e com as devidas evidências da evolução dinâmica de registros emocionais.

Conceitos

Princípios

Valores

Customer Journey Mapping

Dando sequência na compreensão dessas poderosas ferramentas para percepção da evolução emocional dos clientes durante as interações com as empresas, produtos e serviços, vimos que *Customer Experience Mapping* — CXM, é uma forma mais distanciada ou ampla de representação (*zoom out*).

Agora, vamos conhecer um pouco melhor a ferramenta que adiciona mais detalhes para a representação das interações, descrevendo as ações dos clientes, os canais, os pontos de contato e várias outras camadas de informações relevantes e complementares. Veremos que o Mapeamento da Jornada do Cliente, ou *Customer Journey Mapping* (CJM), é uma maneira muito mais detalhada e poderosa para representar as experiências dos clientes ao longo das suas jornadas. Vamos entender cada um dos elementos mais comuns de encontrarmos em documentos e representações das jornadas dos clientes.

Se procurarmos na literatura atual, por exemplos de Jornada do Cliente, veremos que alguns elementos serão rapidamente reconhecidos como recorrentes, outros nem tanto. Após utilizar e personalizar um bom número de modelos de jornada ao longo da prática diária, acabei por criar uma versão própria que faz sentido para uma grande gama de projetos e diferentes tipos de clientes com diferentes nichos de atuação. O leitor verá como utilizar esta jornada na etapa que detalha o método. Seguindo a abordagem utilizada até agora, vamos começar com uma definição que acho interessante para CJM e pode representar uma grande parcela dos mapas já vistos e criados.

CJM é uma representação gráfica detalhada que, considerando os diferentes tipos de clientes, retrata suas ações, de que forma são realizadas e as emoções envolvidas ao longo do caminho.

Durante alguns anos, ao menos até 2014, também considerei a definição anterior bastante abrangente e suficiente. Porém, à medida que avançávamos em projetos em diferentes tipos de clientes, sempre encontrava lacunas comuns nos modelos de jornadas que produzíamos e recebíamos.

Por incrível que pareça, as lacunas existiam exatamente em elementos que são extremamente importantes para a operacionalização das jornadas e dos projetos de viabilização das novas experiências. Estou falando das camadas de processos externos, internos e tecnologias envolvidas na viabilização das interações

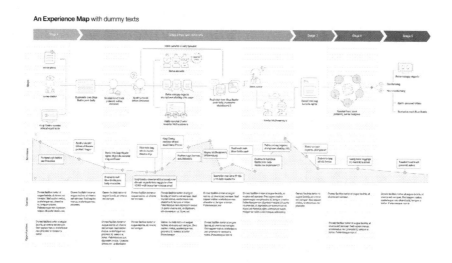

Jornada do Cliente com elementos típicos e disponível na web - Pinterest

Sim, pode parecer estranho, e eu também achei isso quando começamos a avançar no tema, mas entendi um dos motivos para essa ausência.

Basicamente, e em boa parte dos projetos, as iniciativas que envolviam mapas de jornada, desenvolvimento de produtos e serviços, experiências e segmentação de cliente, quase todas, eram feitas essencialmente por profissionais de relacionamento com cliente (CRM), inteligência de mercado/negócio, desenvolvimento de produtos e áreas correlatas.

Ora, é bastante óbvio que seja assim, porém, quando deixamos essas ações serem conduzidas exclusivamente por pessoas que não têm em sua descrição de trabalho a preocupação com a parte "chata" da operação, é natural e quase previsível que processos de negócio, processos funcionais e a integração tecnológica, não sejam contemplados no mapa da experiência. Muitos até tentavam justificar que, com a perspectiva do cliente, esse tipo de visão interna pode prejudicar o poder do mapa da jornada. Concordo e discordo.

Acredito que, se não equilibrarmos o mapa, ele será tendencioso e desprezará as partes menos favorecidas. Explicando, quero dizer que:

Se o mapa só representar as interações dos clientes em pontos de contato e as emoções envolvidas, tal como um CXM, estaremos comprometendo a capacidade organizacional de planejar o projeto de viabilização operacional da tão almejada experiência memorável.

O inverso é igualmente prejudicial.

Se dermos muita atenção e foco aos processos organizacionais, e ao esforço tecnológico de viabilizar as experiências nos pontos de contato, correremos grande risco de projetar e desenvolver experiências medíocres em nome de uma viabilidade percebida.

Não estou dizendo que CXM é inútil ou que CJM sem processos é igual a um CXM.

CXM, com a sua representação da evolução emocional, quando combinado com CJM e a sua visão de ações, canais e pontos de contato, cria um mapa muito mais poderoso. Porém, ainda falta adicionar aos mapas a capacidade de evidenciar os processos (internos e externos) envolvidos, bem como a tecnologia organizacional necessária para a operação.

Sendo assim, há alguns anos adicionei e comecei a produzir mapas de jornada do cliente que possuem camadas dedicadas para a representação de processos e tecnologias que estão integradas aos pontos de contato que interagem com os clientes e entregam experiências em cada uma de suas interações.

Para isso, criei e utilizo um artifício visual que chamei de *Customer Journey and Process Integration Canvas* — CJPI ou Canvas da Jornada do Cliente integrada a Processos. Nesta obra você conhecerá todos os detalhes do Canvas e aprenderá a utilizá-lo em seu dia a dia.

Por hora, cabe aqui atualizar a definição anterior sobre CJM e apresentar uma versão que contempla o que representamos no CJPI. Para mim, atualmente considero que:

CJM é uma representação visual detalhada que, ao considerar os diferentes tipos de clientes (1), retrata as suas ações (2), em diferentes momentos da jornada com reações emocionais associadas (3), bem como processos e tecnologias que viabilizam a sua operacionalização (4).

Para reforçar o entendimento e permitir a adequada atenção aos principais elementos descritos, vejamos os trechos destacados e as considerações que precisamos refletir.

...uma representação visual detalhada que, ao considerar os diferentes tipos de clientes (1)

Espero que esteja cada vez mais óbvio, mas é importante reforçar que, sem fazer uma adequada segmentação de clientes, pensar em representar jornadas pode ser um exercício frustrante e infrutífero para a organização.

Acredito que uma forma de tornar isso bem evidente é mudar o nome e chamar a ação de produzir um CJM de: "produzir a jornada de um tipo de cliente que estamos representando, nesse momento, e precisa representar suas particularidades". Sim, ficou longo o nome, mas você entendeu a intenção.

...retrata as suas ações (2)

Um bom CJM funciona, também, como uma representação visual de quem é o cliente e para onde ele está indo. Um bom CJM representa com clareza todo o trabalho que o cliente precisa realizar para ter e utilizar nossos produtos e serviços. Se não estiver claro o que o cliente faz, então não é um CJM.

...em diferentes momentos da jornada com reações emocionais associadas (3)

Cada interação do cliente equivale a, no mínimo, um momento da verdade. Momentos da verdade são o equivalente a registros emocionais involuntários e que acontecem ao vivermos as situações descritas ao longo das jornadas. Ou seja, um bom CJM também retrata com clareza e de maneira lúdica a evolução emocional do cliente enquanto interage com nossos produtos e serviços.

Como veremos no método, podemos ao menos utilizar três emoções/reações para começar o mapeamento. Podemos dizer que a emoção/reação pode ser positiva, quando tudo dá certo e supera as expectativas iniciais. Pode ser indiferente, quando a experiência é conforme previsto e não sobressai. E, finalmente, pode ser negativa, quando a experiência é inferior à expectativa inicial.

...bem como processos e tecnologias que viabilizam a sua operacionalização (4)

E, finalmente, o trecho que traz a realidade operacional para o debate sobre a experiência do cliente, e não permite que os envolvidos esqueçam deste pequeno detalhe:

Será que temos ou teremos condições operacionais de entregar o prometido/desejado?

É impressionante ver o número de projetos de melhoria da experiência do cliente que, apesar de produzirem ótimas jornadas, são inviáveis operacionalmente e tecnologicamente muito distantes. Como minha vida profissional quase toda é dedicada ao mundo da gestão por processos, é natural para mim pensar nesses requisitos, mas não é assim para todos. Portanto, inserir esse elemento na definição de CJM e no CJPI faz com que fique mais difícil esquecer essa informação que, em última análise, pode ser a diferença entre fazer um projeto de CJM com chances de sucesso ou apenas colar post-it nas paredes durante um período e depois jogar tudo fora.

Gosto bastante de uma saudável provocação quando estamos em fase de projetar jornadas e experiências:

Você lembra da promessa que fizemos ao cliente?
Ele vai lembrar.

Lembre-se:

Projetar uma jornada é projetar uma promessa.

No momento em que essa promessa ganha vida e o cliente é informado, nosso maior trabalho será garantir que cada interação entrega o que prometemos e, se isso não acontecer, agir rapidamente para restaurar a relação e evitar novas exceções.

Para finalizar esta etapa, fica aqui mais uma pergunta retórica:

Qual a melhor maneira de perceber para onde estamos indo?

Olhando um mapa.

Mapas de jornada do cliente servem para mostrar para onde a organização está conduzindo a sua relação com os clientes. Pense nisso.

Conceitos

Princípios

Valores

Return on Experience - ROX

E agora, finalizando a etapa de conceitos, princípios e valores, e antes de iniciar o estudo do método, vamos tratar de um tema igualmente importante: como avaliar o retorno do investimento em iniciativas destinadas a melhorar as experiências do cliente.

Você já ouviu falar de ROX — *Return on Experience*?

Vamos entender um pouco mais antes de avançar nesse conceito.

Quando observamos organizações mais tradicionais em sua abordagem de gestão, é comum encontrarmos o termo ROI sendo utilizado pela alta administração. ROI — *Return on Investment* (retorno sobre o investimento), essencialmente, é uma forma estruturada de a organização avaliar o retorno exigido/previsto/ apurado sobre um determinado investimento realizado. Sim, é possível ultrapassar a dimensão financeira de ROI e imaginar outras métricas, tais como a retenção de talentos, melhoria na qualidade de vida, capacidade produtiva dos processos e muitos outros. Porém, sob uma perspectiva tradicional, e em última análise, o mais comum de encontrarmos nas organizações tradicionais é ROI diretamente atrelado aos indicadores financeiros, tais como custos, lucro e capital investido.

Não trarei para esta obra as fórmulas tradicionais de cálculo de ROI, pois, além de estarem disponíveis com abundância pela internet, não fazem parte do nosso objetivo nesta etapa do livro. Mas atenção, não estou afirmando ou propondo que devemos esquecer ou deixar de lado o ROI quando falamos de perspectivas e experiências do cliente, não é isso.

Apenas não quero supervalorizar esta abordagem enquanto tratamos de um assunto que já é muito difícil por si só: mudar a nossa percepção e o nosso modelo mental para nos ajustarmos ao atual cenário da Era da Consumidor.

Sendo assim, vamos direto ao ponto e começaremos agora a navegar por um mar de indicadores e métricas diferentes e complementares ao ROI tradicional. Como sempre digo aos colegas e clientes:

"Não vamos escolher o campeão de uma disputa que não existe".

No ano de 2019 aconteceu um grande evento da PWC, a conhecida PricewaterhouseCoopers, e o tema ROX teve grande destaque na oportunidade. Como declarado na página da PWC do Brasil ainda em 2020, destaco:

"Além das métricas tradicionais de retorno sobre investimento (ROI) usadas para medir o sucesso de uma empresa, precisamos lançar outra centrada na experiência do consumidor: o retorno sobre a experiência (ROX). Não importa se a sua organização está no negócio de eletrodomésticos, serviços de saúde, venda de carros ou serviços financeiros, oferecer uma experiência avançada é o que te trará destaque entre os competidores."

Concordo plenamente com o destaque, apenas retificaria e trocaria "consumidor" por "cliente". Pode parecer purismo, mas existe um motivo para tanto cuidado.

Quando falamos de consumidores, além de soar antigo, denotamos uma relação comercial de consumo, que é algo mais efêmero do que gostaríamos de ter com as pessoas que interagem com nossos produtos, serviços e marcas.

Por outro lado, quando alteramos a declaração para "cliente", de imediato elevamos a relação para o patamar que desejamos alcançar com os nossos, até então, consumidores.

Podemos entender que, sem exagerar, um cliente é muito mais que um consumidor. Todos merecem uma boa experiência, mas a luta organizacional está na transformação de consumidores em clientes e, finalmente, de clientes em fãs.

Voltando ao ponto do ROX, ou retorno sobre a experiência, nada mais natural do que a necessidade de adotarmos novas métricas, já que, com o poder adquirido pelos clientes devido ao crescente uso da tecnologia, é imperativo que as organizações sejam capazes de interagir adequadamente, superar expectativas herdadas e recuperar a relação quando algo sai errado. Foi-se o tempo no qual os clientes eram pessoas pouco informadas sobre os produtos, serviços, direitos e deveres. Hoje, temos clientes hiperinformados e com altas expectativas para toda e qualquer interação.

Permita-me um breve parênteses nesse momento.
Quando falamos de altas expectativas em toda e qualquer interação, estamos falando de um elemento humano muito importante e bastante conectado ao que nos ajuda a definir se uma experiência foi boa ou ruim. Sim, sei que você já deduziu que estou falando da emoção. Mais ainda, estou falando da relação humana, que mesmo virtual, ainda é capaz de nos fazer sorrir, chorar e, por que não, xingar quando somos destratados.
Ainda no parênteses, e para que fique claro desde já, quando um cliente entra em contato com uma organização — qualquer tipo de organização — já existe uma expectativa humana pré-definida em seu consciente e, normalmente, outra em seu subconsciente. A discrepância entre essas expectativas nem sempre é algo favorável para o registro da experiência.
Podemos entrar em contato com uma organização e ter a confirmação de que seremos bem atendidos e conseguiremos o que precisávamos. O contrário também é verdade.

Uma organização que está atenta para a experiência dos clientes tem plena consciência da enorme importância que existe no cuidado da gestão de percepção de valor da marca e como acontece a interação real no dia a dia.

Você já tentou resolver algum problema interagindo com um *chatbot* ou uma URA?

Para quem não sabe o que é uma URA, é a sigla para Unidade de Resposta Audível que, na verdade, é um nome de disfarce para a maldita central de atendimento automatizada que nunca entende o que falamos. Sei que você sabe do que eu estou falando.

Voltando à pergunta, como foi tentar resolver o seu problema falando com um pseudo-robô com respostas prédefinidas?

Consigo intuir que foi terrivelmente parecido com a experiência da maioria das pessoas. Nos sentimos enganados e, mais ainda, que estamos perdendo o nosso tempo. Acertei?

Ninguém valoriza esses sentimentos numa experiência entre empresa e cliente. Obviamente, ter um péssimo atendimento por *chatbot* ou URA não é um privilégio das empresas que investem nessa abordagem, muitas outras empresas conseguem entregar péssimos atendimentos empregando seres humanos... que só repetem *scripts* (tal como os *chatbots* e URAS) e estão preocupados unicamente com o tempo médio de atendimento (TMA). Fechamos o parênteses.

Hoje em dia, precisamos acompanhar, medir e cuidar da consistência nas relações, físicas e digitais, entre os clientes e as organizações. É um grande desafio querer ser uma organização com presença ativa em muitos ou todos os canais de relacionamentos existentes na atualidade, o que é conhecido no mercado como uma relação *Multichannel* ou *Omnichannel*, respectivamente.

Para complementar essa apresentação de desafios e dificuldades na adoção da "filosofia" de gestão da experiência, adicione à equação mais uma variável importantíssima. Além dos clientes, precisamos ter no nosso radar a experiência dos colaboradores. Sim, felizmente, não esquecemos deles.

Já encontramos em muitas organizações mais ousadas algumas métricas diretamente relacionadas à experiência dos colaboradores. Muitos colegas de profissão e pensadores do tema CX preferem separar os momentos e abordagens e chamar essa prática de *Employee Experience* (EX). Não vejo problemas na distinção, apenas prefiro manter as práticas próximas e, sempre que possível, apresentar uma matriz com elementos que precisam ser avaliados e tratados caso a caso e com intensidades distintas. Essa matriz, possivelmente, será tema de um próximo livro, mas não quero fazer promessas desde já. Por enquanto, basta saber que, tanto o cliente quanto o colaborador, todos têm seu espaço na orientação estratégica que *Customer Centricity* (CC), *Customer Experience* (CX) e *Business Experience Design* (BXD) sugerem. Posso adiantar que BXD transporta o tema para um nível mais estruturado e holístico em seus princípios.

É ponto pacífico entre praticantes e especialistas que, obviamente, a experiência dos colaboradores nas organizações é capaz de influenciar e impactar a experiência dos clientes. Tanto influencia em uma boa quanto para uma péssima experiência. Esse fato é facilmente perceptível ao observarmos interações diretas entre as partes. Também percebemos que, em muitos casos, o colaborador tem igual ou maior importância na experiência do cliente com a marca, produto ou serviço. Sei que você é capaz de, rapidamente, pensar e lembrar de uma experiência na qual o produto não estava conforme a sua expectativa, mas o atendimento humano, e compassivo com a situação do cliente, foi determinante para que a experiência não tenha sido registrada como desastrosa ou infeliz. Não é verdade?

Portanto, uma pergunta que pode estar em sua mente desde já, e que é bastante razoável, poderia ser algo como: quais são as formas mais indicadas ou usuais para a avaliação de retorno sobre a experiência (ROX)?

Não existe uma lista definitiva e/ou infalível de métricas, fórmulas ou indicadores, mas já existem algumas métricas/regras que definem as medidas e, por enquanto, ainda são interessantes de considerarmos. Com a utilização das redes sociais e seus algoritmos secretos, um dos maiores desafios dos profissionais de marketing atualmente é tentar entender e definir o que cada métrica traduz na relação com os clientes e a percepção de valor sobre o conteúdo, post, produto, serviço, interação e tudo mais que puder ser partilhado e publicado.

Curtidas, visualizações, compartilhamentos, referências, marcações... esses são alguns dos elementos considerados. Mas, quando analisados isoladamente, não traduzem com clareza e precisão o que o cliente sente e, menos ainda, qual o ROX sobre determinada ação.

Sendo assim, algumas das mais usuais formas de avaliar se a organização está entregando experiências conforme o desejado começa por combinar e utilizar nas avaliações um mix de *"Churn Rate – CR"*, taxa de cancelamento, *"Net Promoter Score – NPS"*, ou grau de lealdade do cliente, e, finalmente, *"Customer Lifetime Value – CLV"*, potencial de receita por cliente.

Vamos entender um pouco mais sobre cada uma delas, mas sem a pretensão de tornar esta obra um guia de como aplicá-las, veremos seus conceitos e fórmulas de aplicação mais comuns, sabendo, desde já, que a variação de uso é parte inerente da liberdade estratégica organizacional e de como ela avalia o resultado de seus esforços.

Churn Rate

CR, ou a taxa de cancelamento/rotatividade de clientes, é um importante elemento da avaliação de ROX, afinal, sabemos a dificuldade crescente que as organizações enfrentam para atrair e conquistar novos clientes.

Apesar de CR aparentar olhar para a perda, na verdade, CR é orientada para evidenciar a capacidade de manutenção e desenvolvimento da base de clientes. CR busca refletir o resultado do investimento feito para melhorar a capacidade organizacional de retenção.

Uma das principais justificativas para o uso de CR vem do conhecimento sobre o custo de aquisição de clientes estar em constante evolução. É aceito entre boa parte do mercado que o custo de adquirir novos clientes, dependendo do tipo de negócio e mercado, pode ser até cinco vezes mais alto que o custo de manutenção dos bons clientes existentes.

Algumas pesquisas de mercado mostram que, em média, organizações chegam a perder até 10% de sua base de clientes por ano, o que significa um CR bastante ruim.

A fórmula mais utilizada para calcular o CR de uma organização é simples em sua estrutura, mas poderosa se avaliada com cuidado e atenção:

Número de clientes cancelados / Total de clientes no período

Ou seja, durante um período (doze meses, por exemplo), verificamos o número de cancelamentos de clientes e dividimos pelo número de clientes na base da organização durante o mesmo período. Considerando o CR comum de 10%, seria o equivalente a dizer que uma organização tinha em sua base vinte mil clientes em um ano e, ao longo desse período, perdeu dois mil. Obviamente, dependendo do tipo de negócio, calcular o CR pode ser um desafio agonizante entre a precisão e a intuição de analistas, gestores e líderes. Por esse mesmo motivo, muitos especialistas em ROX desenvolvem formas complementares de calcular CR. Existe a maneira simples, vista no exemplo, e também existem fórmulas para ajustar a média mensal de variação. Além disso, outras duas fórmulas mais comuns para o universo de serviços de assinatura digital são utilizadas: uma busca um modelo preditivo que auxilia na tomada de decisão antes mesmo da concretização do *"Churn"*, ou saída, e auxilia na definição de ajustes. E, finalmente, ao menos mais uma forma de calcular CR. Esta última considera a média alcançada por dia durante todo o período analisado, diferenciando-se da maneira de ajustar com base na média apenas do primeiro e do último dia do período analisado.

Se você quiser fazer uma comparação entre o CR médio de um certo nicho/produto/serviço em relação ao aferido em sua organização, o mais simples é comparar os percentuais alcançados no CR:

Clientes cancelados no período / Total de clientes no período x 100 = percentual de CR do período

(12 / 134) x 100 = 8,9% CR no período analisado

Sendo assim, CR pode ser calculado de várias formas, mas cada uma delas deve ter conexão real com a periodicidade ou sazonalidade das ações e do tipo de relação de contrato e utilização entre clientes e organizações.

Manter a métrica simples é sempre uma boa sugestão para quando estamos começando.

Net Promoter Score

Vimos que CR observa um período passado no tempo da relação entre clientes e empresas e, normalmente, períodos que nos levam a fazer "autópsia" de dados históricos. Afinal, estaremos diante de fragmentos do passado capturados em semanas, meses e até um ano de distância.

Quando adicionamos NPS ao conjunto de formas para tentar definir se o retorno sobre a experiência dos clientes foi satisfatório, estamos tentando descobrir, o quanto antes, se o cliente está ou não satisfeito. Simples assim.

NPS quer descobrir o nível de felicidade dos nossos clientes e, mais ainda, o quão engajado eles estão com a marca, seus produtos, serviços e interações — com as suas experiências em cada interação mais recente.

Enquanto CR avalia períodos, NPS pode ser utilizado para avaliar momentos da verdade e pequenos trechos da jornada. Podemos dizer que CR avalia o resultado da jornada, enquanto NPS avalia a felicidade entregue em cada trecho da jornada.

Ou seja, utilizar NPS pode ajudar a organização a identificar interações defeituosas e promover o ajuste necessário o quanto antes. NPS não é algo exatamente novo, foi apresentado no início da década de 2000 e rapidamente conquistou adeptos devido a sua simplicidade de realização e velocidade de resposta.

A base fundamental de qualquer NPS está na elaboração de uma pergunta que será apresentada ao cliente, se possível durante a experiência e, de maneira objetiva, será respondida com objetividade e clareza para a organização. Essa resposta, em termos gerais, pode caracterizar a possibilidade do cliente ser: promotor, detrator ou estar neutro em relação a marca, produto ou serviço.

Você, provavelmente, já foi "testado" por alguma empresa que utilizou NPS. Sabe quando você entra em contato com a empresa, chega no destino após o voo, compra algo *online* e, logo após, recebe uma pergunta para responder:
"Em uma escala de 0 a 10, o quanto você está satisfeito com a marca/produto/serviço/experiência?"

Essa pergunta é um exemplo clássico de NPS e contém seus elementos primordiais. Não vamos aprofundar demais em técnicas e perguntas para utilização de NPS nesta obra, mas para exemplificar a forma mais comum de cálculo, podemos considerar que para calcular utilizaremos:

NPS = % de Clientes Promotores - % de Clientes Detratores

Antes de utilizar a fórmula da chamada "pergunta definitiva", vamos entender o que são promotores, detratores e neutros.
Seguindo a escala de 0 a 10 da pergunta anterior, para os clientes que responderem com valores entre zero e seis, esses agruparemos no tipo detratores — clientes com alto potencial de insatisfação e possível propaganda negativa.

Para os clientes que responderem com valores entre sete e oito, esses agruparemos no tipo neutro. Apesar do valor parecer alto (sete ou oito), diz-se que esse tipo de cliente não chega a ser um fã da marca, produto, serviço ou experiência. São clientes que utilizam, não são tão leais e nem defendem a empresa.
Finalmente, para os que responderem com valores entre nove e dez, esses agruparemos no tipo promotores. São clientes considerados fiéis, que acreditam que a marca/produto/serviço/ experiência torna a sua vida melhor e, também por isso, são capazes de fazer propaganda positiva sobre a empresa, tornando-se verdadeiros promotores.

Antecipando um pouco o método que começaremos a estudar no próximo capítulo, utilizaremos os princípios de NPS durante a avaliação das interações do cliente nos pontos de contato e traremos três níveis de satisfação/registro emocional para a materialização do conceito ao longo dos passos da jornada.

No método avaliaremos se cada interação com o cliente produz uma reação positiva, neutra ou negativa. Esse simples e poderoso registro da evolução emocional na jornada é uma forma prática e tangível de projetar e avaliar o que realmente entregamos para os nossos clientes além de produtos e serviços.

Customer Lifetime Value

Não é segredo que a base de clientes é um dos bens mais valiosos para empresas modernas e que seguem os princípios de *Customer Centricity*. Observando as métricas de ROX trazidas aqui, podemos perceber que CR avalia a capacidade de manutenção de clientes, e NPS busca avaliar o nível de satisfação dos clientes ao interagirem com a organização. Finalmente, *Customer Lifetime Value* — CLV pretende auxiliar a organização na percepção do valor financeiro da relação com os seus clientes, considerando o longo prazo. Ou seja, com CLV é possível estimar e averiguar um "retorno financeiro" do investimento que a organização faz para manter seus clientes. De maneira simples e geral, para calcular o CLV, utilizamos:

CLV = valor médio de compra x número de vezes de compra por anos x duração média da relação em anos

Vamos entender o uso da fórmula de CLV com um exemplo simples. Imagine que uma loja de roupas esportivas está avaliando em quais produtos deve investir para o próximo período. Considerando o público de atletas amadores, e em um mesmo período de relacionamento, a loja considerou na avaliação para a renovação de seu estoque: os corredores de provas de percurso como meia-maratona (1) e os tenistas de final de semana (2).

Os Corredores
CLV = R$ 400,00 x 4 x 5 = R$ 8.000,00

Os Tenistas
CLV = R$ 400,00 x 2 x 5 = R$ 4.000,00

Sendo assim, em uma primeira avaliação, se houver a necessidade de direcionar o investimento considerando o CLV estimado de cada tipo de cliente, provavelmente, a tomada de decisão penderá para a renovação de estoques e ações de *marketing* de tênis para os corredores. Mesmo com base em um exemplo muito simples, e perdoe o trocadilho desde já, conseguimos perceber o valor de conhecer o valor financeiro do investimento para manter os clientes ao longo do tempo de vida da relação com a organização.

A informação alcançada ao calcular o CLV de clientes e possíveis clientes é muito útil para definir estratégias de manutenção e, até mesmo, de atração e conquista de novos clientes. Afinal, saber/prever o quanto um determinado tipo de cliente pode trazer de retorno/lucro para a organização após um período de relacionamento, é sempre útil. Em muitos casos, pode ser a orientação que definirá se um negócio é viável e sustentável conforme o público-alvo escolhido.

Quando falamos em *Customer Centricity*, precisamos considerar o cliente como o centro das decisões estratégicas feitas pela alta administração. Para *Customer Centricity* funcionar em uma organização, precisamos, também, da capacidade de estimar e aferir o retorno dos inúmeros esforços que a organização precisará realizar e manter ao longo da relação com seus clientes. CLV é uma métrica muito importante e um poderoso aliado para todo profissional que atua ou pretende atuar no universo da centralidade no cliente.

Finalmente, utilizar CLV reforça a importância e o impacto das estratégias de manutenção dos clientes na base, mesmo em detrimento do constante e custoso esforço organizacional para conquistar e fidelizar novos clientes. Não é um jogo de abandono de estratégias, mas sim, um constante esforço para equilíbrio de forças, investimentos e previsibilidade de retorno, traduzindo, afinal, a saúde da organização e a felicidade de seus clientes.

Encerramos aqui o trecho sobre ROX e espero que o conteúdo tenha sido útil o suficiente para apresentar os conceitos e, principalmente, que os exemplos tenham despertado o seu interesse para o aprofundamento de técnicas nessa vasto e desafiante universo de malabarismo estratégico-operacional do século XXI.

Para quem tiver interesse em saber mais sobre melhores índices, indicadores e métricas para avaliação de experiência dos clientes, o principal recado e orientação que posso oferecer neste momento é:

Não limite-se ao entendimento e uso de *Churn Rate*, NPS e CLV. Pesquise mais sobre o tema e, principalmente, pense em novas e mais interessantes formas de envolver os clientes para a criação e coleta de informações relevantes que traduzam com mais precisão e periodicidade a capacidade organizacional de entregar experiências memoráveis para os clientes. E para finalizar o conselho, não esqueça de adicionar leveza e alguma diversão no método e na mecânica de realização.

Gostamos e participamos mais quando a interação é simples, fácil e divertida.

Conceitos

Princípios

Valores

Considerações sobre o tema do livro
e a pandemia do COVID-19

Hoje é dia 15 de maio de 2020, ainda vivo em Portugal com a minha esposa e filho, ficamos um pouco mais de 60 dias em confinamento e isolamento social. O país acaba de sair do estado de emergência com *lockdown* geral, mas, praticamente, empresas e comércio ainda fechados, pessoas, as que podem, trabalhando de casa, já há muitos desempregados, muitas empresas fecharam suas portas em definitivo.

O restante da Europa também está caminhando para um gradual "desconfinamento" — palavra que, até hoje, nunca havia sido escrita por mim.

O Brasil, na data de hoje, infelizmente, ainda está com elevado crescimento no número de casos e mortes. E para piorar, as brigas constantes e descabidas entre torcedores e líderes dos "times" políticos, esquerda x direita, só criam mais problemas, inflamam os ânimos, estressam a população e promovem uma ignorância quase nacional sobre os fatos, questionando a utilidade da ciência e justificando seus discursos (de ambos os lados) com base em agendas ocultas e manutenção ou retomada do poder.

É um cenário triste que, no fundo, retrata a imaturidade de um povo, seu desespero por encontrar, confiar e depender de novos heróis. Além disso, outra característica muito triste se revela com bem mais clareza — o egocentrismo pueril.

Neste momento, muitos parecem acreditar que são seres isolados, alheios, imunes, indiferentes e que, com confiança e fé cega nas palavras de qualquer um dos "líderes" desses dois times, podem ignorar o que aconteceu no mundo e continuar a viver a vida como se nada tivesse acontecido em outros povos, culturas, crenças, países e no restante do planeta.

Resumindo, somos testemunhas de uma ruptura global do percebido como normal. Vivemos em um mundo que pode promover mudanças radicais no comportamento e na percepção de valores. Digo que "pode" pois, como sabemos, mudanças são, também, reflexo da rotina. Se voltarmos ao chamado "antigo normal", após a criação de uma vacina e com a redução gradual do medo que a pandemia provoca, provavelmente, os traços de comportamento que forem mais fortes devem anular os menos enraizados ou praticados e, assim, o comportamento habitual e mais antigo voltará a predominar em nosso dia a dia.

Acredito que certas coisas já devem sofrer um ajuste sem retorno. Enquanto outras ainda precisarão de mais envolvimento humano consciente, muita força de vontade e prática, para que, então, possam se tornar um novo e melhor comportamento habitual. Ainda não temos como saber nesse momento.

Porém, você pode pensar: qual o motivo dessas poucas linhas de considerações gerais sobre a pandemia em um livro técnico?

Por dois motivos muito claros e simples:

Este é um livro que, a todo o momento, reforça a importância do registro emocional durante as relações entre empresas e clientes (1) e como a percepção de valor por parte dos clientes deve ser um fator preponderante na orientação de muitos dos esforços organizacionais (2).

Sendo assim, e para finalizar este breve registro, pense no seguinte:

Estamos diante de uma possível grande mudança coletiva de princípios, valores, desejos, necessidades e obrigações.

Sem querer parecer exagerado, mas correndo o risco de soar como tal, acredito que este é o momento no qual os conceitos, princípios e práticas que norteiam *Customer Centricity* e *Customer Experience* são muito mais relevantes. Afinal, a sociedade está passando por mudanças forçadas, impactantes e consideráveis. Por isso, podemos e devemos nos perguntar:

Como as empresas podem se preparar para entender todas essas mudanças, ajustar ou rever a missão, realinhar propósitos, repensar produtos, serviços, processos e fazer melhor uso das tecnologias disponíveis?

E, complementarmente, como usar a tecnologia para tornar as relações distanciadas mais humanizadas?

Sabemos que o tema foi bastante negligenciado nas últimas décadas. Trocamos valores humanos por coisas com preços mais reduzidos. Subestimamos e desprezamos a produção local, mais sustentável e mantenedora de famílias, por cada vez mais acesso a coisas de baixa qualidade, com extremo consumo do desnecessário e uma obsolescência programada cada vez mais agressiva e percebida. Note que chamei tudo, intencionalmente, de "coisas" e não de "bens". Acho que você entende o motivo.

Se existe um possível impacto positivo da pandemia na sociedade civil, nos governos e nas empresas, pode ser a melhor e maior atenção aos elementos que são cada vez mais desejados e valorizados por clientes, colaboradores, parceiros, gestores e líderes: o nosso bem-estar, com qualidade de vida, mas sem prejudicar o todo. Devemos utilizar o conhecimento contido neste e em outros livros para produzir melhores experiências de vida para as pessoas — todas.
Acredito que esse é um bom ajuste de propósito que pode nascer do complicado momento que vivemos e que, sem dúvida alguma, ultrapassaremos. Tenhamos um compromisso individual ajustado

para a realidade deste início de século e façamos a nossa parte. Com seriedade, leveza, humanidade, perseverança e resiliência, certamente, sairemos melhores desse tipo de situação.

Se você já falou comigo pessoalmente, ou trocou mensagens eletrônicas de alguma forma, pode ter reparado que, quase sempre, termino a minha participação na conversa com um positivo, curto e esperançoso incentivo. Então, mantendo a tradição, agora te digo:

Força e vamos em frente!

CCBXD
Customer Centric Business Experience Design

O Método

Parabéns por chegar até aqui. Fico honrado em receber mais um pouco da sua atenção. Vivemos em um tempo no qual, além dos "Dados", a "Capacidade Criativa" e a "Atenção" das pessoas também podem ser consideradas o mais novo e valioso petróleo.

Durante muitos anos lutei para desenvolver uma estrutura de trabalho que fosse acessível, de fácil compreensão, capaz de orientar os praticantes ao longo do caminho e, principalmente, com real poder de transformação na entrega. Acredito que este método é uma versão bastante próxima do meu desejo inicial.

CCBXD, *Customer Centric Business Experience Design*, como o próprio nome indica, é um método prático para organizações que, independentemente de seu tamanho ou tipo, desejam criar e entregar experiências de negócio mais centradas no cliente. Foi concebido, é mantido e utilizado em constante prática de projetos para variados tipos de empresas em diferentes partes do mundo e, sempre, promove e utiliza o amadurecimento de conceitos e práticas que são relevantes para o alcance dos resultados desejados por clientes e empresas. Obviamente, como em toda jornada que se preza, nunca estamos totalmente prontos e entenderemos melhor o caminho ao caminhar com a tranquilidade de quem sabe que tudo sempre pode ser melhor.

O processo de seguir os passos que orientam o método é tão poderoso quanto o próprio resultado do trabalho.

Após aplicar e adaptar o método em vários projetos para organizações e ensiná-lo para centenas de profissionais dessas empresas, percebi e melhor compreendi que um dos principais pontos positivos do CCBXD é a sua capacidade de envolver os participantes no processo de criação. Tal capacidade mostrou-se verdadeiramente transformadora para os participantes.

Espero que aconteça o mesmo com o leitor que ousar aplicar na prática o conteúdo desta obra.

Sendo assim, e avançando para uma definição mais formal, podemos dizer que o método CCBXD é uma forma maleável, mas estruturada, pensada para desenvolver iniciativas organizacionais poderosas, capazes de:

Ajudar a entender com mais humanidade e relevância as necessidades de segmentos de mercado (1), desenvolver novas e poderosas ofertas de valor (2), projetar experiências positivas e memoráveis (3), conectar os processos organizacionais aos pontos de contato e momentos da verdade de cada experiência do cliente (4) e, finalmente, orientar as lideranças na tomada de decisão mais estratégica sobre clientes (5).

A ambição que orienta o uso do CCBXD não é branda, na verdade, pela breve descrição anterior, já é possível perceber que estamos tratando de uma abordagem que necessita de envolvimento interfuncional irrestrito e patrocínio estratégico da alta administração. Afinal, qualquer iniciativa que ambiciona interferir e transformar os produtos, serviços, processos e tecnologias organizacionais para entregar melhores soluções para os clientes, certamente, é uma iniciativa que precisará de apoio institucional, não apenas setorial.
Fica aqui registrado o primeiro alerta sobre as condições mínimas para utilização e adoção deste método.

Trabalhar com a criação de melhores experiências para os clientes não é uma atividade isolada, nem liderada por profissionais com pouca experiência ou habilidade no tema. Também não deve ser conduzida sob a orientação funcional de uma única área ou liderança.

Assim como na gestão por processos, *customer experience* com seu vasto campo de atuação é, por definição, um esforço organizacional que precisa entender o todo e ser integrado ponta a ponta nas suas diferentes direções e dimensões.

Portanto, podemos considerar as próximas páginas como um guia de referência para dois cenários principais:

1- Iniciantes

Para profissionais e organizações que precisam começar a usar o foco do cliente para desenvolver, aplicar e tratar produtos, processos e serviços com base na experiência dos clientes. Neste cenário, o método auxiliará na realização dos passos necessários desde a concepção de ideias até a entrega de valor conforme as expectativas dos clientes e da própria empresa.

2- Iniciados

Para organizações e profissionais mais experientes no tema *Customer Centricity*, o método será um poderoso aliado no alcance de novos conhecimentos e ideias para melhorar a experiência dos clientes. Ao mesmo tempo, desenvolverá em gestores e líderes uma visão mais integrada sobre a realidade operacional necessária às experiências em termos de processos e tecnologias envolvidas.

Nos meus outros cinco livros eu tratei de gestão por processos, modelagem e outros conceitos e práticas complementares que já são mais conhecidos pelo meu público inicial — leitores interessados no tema gestão organizacional. Nesta obra, escolhi escrever não apenas para os meus leitores mais usuais, mas, devido ao âmbito do tema, preciso explicar algo que pode parecer um tanto quanto subjetivo, mais emocional, e por isso, um pouco mais distante do pragmatismo ao qual estamos acostumados quando falamos sobre desempenho, medição de valor, representação de processos, capacidade de trabalho, desperdício e outros assuntos tecnicamente previstos na atuação profissional com BPM.

Nas próximas páginas você encontrará não apenas uma proposição técnica de abordagem para orientar a sua caminhada no universo da experiência do cliente. Também fiz questão de resgatar e utilizar centenas de observações anotadas durante a prática em projetos e em oficinas colaborativas de criação de soluções. São anotações objetivas sobre o que funcionava bem, o que precisava de melhoria, o que não estava funcionando e tudo mais que fazia sentido registrar para revisitar no futuro e melhorar o método. Foram muitas horas com ricas anotações que produziram um grande diário que retrata a construção, a aplicação e a evolução do método que apresento aqui. Compartilharei trechos dessas anotações e observações ao longo da explicação do método.

Aproveite o conteúdo, leia, pratique, aplique e evolua o método para a próxima versão, ou melhor dizendo, para "a sua versão".
Um bom método não deve ser dogmático. Deve ser pragmático, mas, ao mesmo tempo, maleável e resiliente a ponto de permitir mudanças, adições e subtrações.
Escrevo, pratico, ensino e compartilho este material com a inabalável certeza de que ele, o método, sempre poderá ser muito melhor.

Carrego comigo a esperança perene de que, em breve, um atento leitor poderá ser o responsável pela criação da próxima e mais refinada versão deste guia de orientação fundamental. Não acredito em plágios e cópias, mas em combinação.

Não acredito que devemos utilizar o nosso pouco tempo para imitar. Precisamos ser cada vez mais autênticos.

Se somos capazes de aprender, adicionar algo que achamos importante, conectar e compilar essas ideias todas e entregar para o próximo em uma versão aprimorada, fizemos uma combinação.

O maior poder está na nossa capacidade de utilizar a criatividade para combinar ideias e abordagens na construção de algo muito mais poderoso e útil. É a verdadeira "combinatividade" em ação. Ouvi essa palavra pela primeira vez em 2017 em um curso do comediante, empreendedor e professor de criatividade, Murilo Gun. Utilizo e explico o seu significado deste então, afinal, ainda não encontrei outra palavra capaz de resumir de maneira tão inequívoca um dos mais belos diferenciais humanos.

Antes de entrarmos em cada uma das etapas do método completo, vamos ter uma visão geral das etapas e objetivos.

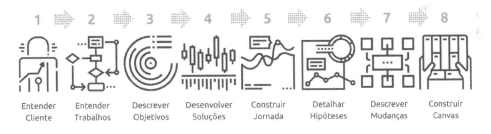

Visão geral do método CCBXD com as 8 etapas fundamentais

1- Entender Cliente

Obviamente, esse precisa ser mesmo o primeiro passo. Afinal, não é possível construir qualquer jornada do cliente sem conhecê-lo melhor. Quando falo em entender o cliente, neste e em outros métodos, o grande objetivo é conhecer com mais profundidade o universo do cliente e seus desafios, afinal, queremos oferecer a "melhor experiência possível".

É nesta etapa do método que veremos algumas técnicas e conceitos para você evoluir do entendimento mais elementar sobre o cliente (os dados demográficos) até alcançar informações que permitam acontecer uma conexão com mais compaixão e empatia.

Detalharemos e segmentaremos cada grupo significativo de clientes, chamados de personas, e enriqueceremos a nossa compreensão. Entender o cliente na forma de persona é um esforço complexo, por vezes muito subjetivo e sempre delicado, porém, essencial para qualquer organização que pretende entrar na era das jornadas de experiências e relacionamentos.

2- Entender Trabalhos

Entendo que o nome deve causar alguma estranheza de início, mas entenderemos nesta etapa o poder de aplicar o importantíssimo conceito de *"Jobs to be Done"* — trabalhos a serem feitos. O método CCBXD não é substituto do proposto pelo criador da teoria e autor Tony Ulwick, pelo contrário, reforça ainda mais a importância de conhecer e utilizar essa perspectiva ou "lente" especializada em observar o mercado, o cliente e suas necessidades e, até mesmo, analisar a abordagem dos produtos e serviços concorrentes.

Ao assimilar e utilizar os princípios da lente de *"jobs to be done"*, desenvolveremos com algum pragmatismo a nossa habilidade de transformar informações sobre clientes em poderosos vetores para a construção e a entrega de "inovação desejável". Sim, uma inovação conectada intimamente à necessidade dos clientes e, por isso, com mais forte apelo prático, tornando-se desejável por sua planejada utilidade percebida.

3- Descrever Objetivos

Na continuidade da etapa anterior e intimamente conectada à qualidade do trabalho realizado na identificação dos *"jobs to be done"*, na etapa de descrever objetivos agimos para criar um elemento essencial e muito subestimado nas iniciativas organizacionais mais tradicionais: a criação de um acordo comum entre os participantes e a empresa sobre o que será considerado sucesso para o cliente. É muito perturbador e revelador encontrar projetos e iniciativas organizacionais que somente definem sucesso pelas perspectivas interna, operacional e da alta administração. Todos muito preocupados e ocupados em medir e aferir os tradicionais resultados de lucro, capacidade e conversão. Porém, pouquíssimos preocupados oficialmente com o sucesso do cliente.

Em um método pensado para auxiliar organizações a colocar o cliente no centro das atenções, definir e acompanhar apenas indicadores de desempenho organizacional não é mais suficiente. Precisamos definir, planejar, entregar e acompanhar, também, o sucesso dos clientes.

4- Desenvolver Soluções

Quando finalizamos a etapa 3, descrever objetivos, chegamos no momento de utilizar ao máximo a capacidade humana de "combinatividade". Lembra da palavra? Este é o momento de aplicar com grande intensidade essa capacidade intelectual humana. Farei logo um alerta sobre esta etapa: é super interessante, divertida, poderosa e, em muitos casos, dificílima. Após algumas centenas de horas de prática em oficinas para a condução deste método, posso afirmar que é nesta etapa que encontramos os maiores e mais profundos bloqueios profissionais. Tentarei ser o mais didático e sensível o possível durante a explicação do processo criativo de desenvolver soluções. Sempre que estou conduzindo uma oficina para desenvolver soluções, tenho muito cuidado no desenrolar das atividades. É impressionante ver o bloqueio criativo se materializar na cabeça e nas atividades dos grupos. Minutos antes de entrar na etapa 4, desenvolver soluções, os participantes estão super animados e cheios de possíveis soluções em suas mentes. Porém, quando começamos o trabalho para criar e estruturar as ideias, os bloqueios surgem e fazem a maioria buscar a solução menos reprovável, a que "faz sentido" para o negócio e, principalmente, a solução que é baseada no que já é feito ou existe no mercado. Ou seja, se não tivermos o devido cuidado nesta etapa, terminaremos as oficinas de criação com um conjunto de pequenos e irrelevantes ajustes operacionais, tecnológicos e financeiros no que já existe, mas nada que chegue próximo do que foi definido como sucesso para o cliente. Veremos algumas técnicas e práticas para ajudar o leitor a fazer melhor uso do poder que existe em reunir pessoas para pensar e criar soluções.

5- Construir Jornada

Uma etapa bastante densa e robusta, na qual buscamos definir quais são as ações do cliente por persona envolvida, onde essas ações acontecem (os chamados pontos de contato) e qual a emoção envolvida em cada interação — os momentos da verdade. Tudo isso precisa ser visto, pensado e representado, só assim poderemos orientar e realinhar os processos organizacionais, de fornecedores e de parceiros. Ou seja, ao entender melhor o desejo, a dor ou a necessidade do cliente, definimos o que será percebido e avaliado por eles como sucesso.

Partiremos dessa premissa e orientaremos a construção colaborativa (cocriação) de uma jornada que traduzirá a experiência geral do cliente (a soma dos momentos da verdade) enquanto ele tenta alcançar seus objetivos e executa diversas ações necessárias para tal. Nesta etapa ainda não utilizaremos o *Canvas*. Muitos já me perguntaram o motivo de não começar sempre pela ferramenta mais visual — o *Canvas*.

A resposta varia um pouco dependendo do interlocutor e a sua maturidade no tema, mas sempre orbita o mesmo motivo central: começar pelo *Canvas*, normalmente, provoca uma demasiada leveza inicial que pode iludir os participantes sobre os desafios envolvidos na concretização das ideias alcançadas e representadas durante a ação. Claro que teremos variações, mas a regra de começar muito lúdico, normalmente, dificulta a estruturação do trabalho em um momento posterior, pois pode existir a sensação coletiva de que o tema já foi resolvido e voltar a ele significa perda de tempo ou retrabalho.
Os post-its e Canvas são ótimos para um trabalho de sensibilização inicial sobre um tema. E só isso.

Ainda sobre esta etapa do método, evidenciamos quais são os processos internos e externos que apoiam ou não as ações dos clientes em cada ponto de contato e canal da organização. É muito rico esse trabalho e deixa evidente a quantidade de elementos que precisaremos cuidar para que uma experiência prometida se concretize.
Se a organização não é capaz de entregar o que promete, é melhor nem prometer. Na percepção do cliente, prometer e não cumprir é o mesmo que mentir.

Em uma empresa que precisa desenvolver e entregar o que foi concebido na oficina de jornada, é preciso cuidar da continuidade estruturada de todas as questões técnicas posteriores. No método tratamos desses produtos e repositórios.

6- Detalhar Hipóteses

Neste ponto do método já avançamos consideravelmente e já entendemos melhor os clientes por personas (1), definimos quais os trabalhos que a persona está envolvida (2) para alcançar o que é percebido como sucesso (3). Desenvolvemos ideias de solução (4) para criar e entregar uma jornada excepcional (5) para a persona e, agora, está na hora de aplicar mais um filtro e testar as hipóteses envolvidas em cada solução necessária para entregar as experiências prometidas para a persona (6).

É neste bloco do método que colocamos as ideias à prova — mais uma vez. Aqui tentamos explicar o motivo pelo qual acreditamos que a nova solução vai resolver o problema/desejo/necessidade do cliente. Para isso, é necessário utilizar determinados processos, tecnologias e pessoas, resultando em uma nova e positiva percepção de valor e experiência para o cliente.

É o momento ideal para tentar refutar as próprias ideias geradas e, assim, descobrir se elas resistem à "sabatina" final antes de avançarmos com a ideia para o nível de projeto organizacional.

7- Descrever Mudanças

Se a ideia resistiu à etapa de detalhamento e validação das hipóteses, é possível que tenha uma chance razoável de continuar no plano e realmente virar um projeto. Porém, ainda precisamos pensar em mais alguns importantes elementos. Está na hora de detalhar todas as mudanças envolvidas para viabilizar a nova e melhorada jornada do cliente. Quais as mudanças necessárias em cada ação do cliente, em cada ponto de contato, de cada canal, e quais os ajustes necessários nos processos envolvidos? A etapa de descrever mudanças é muito importante para o negócio, pois consegue tornar evidente qualquer "pequeno detalhe" que tenha passado despercebido até o momento. Verificaremos, dentre outras coisas, se precisaremos fazer com que o cliente se comporte de maneira diferente, e mudanças de comportamento do cliente são sempre um ponto que requer grande atenção em soluções novas. Vamos elaborar com mais cuidado e detalhes quais as "mudanças no meio" utilizado pelo cliente (nos pontos de contato).

Será que precisaremos construir coisas que não temos ou utilizar terceiros?

Finalmente, detalharemos um pouco mais a maneira como os meios (os pontos de contatos) resolvem os problemas. Veremos quais processos organizacionais são capazes de ajudar, quais são os envolvidos, se já existem, como estão e muito mais.

8- Construir Canvas

Finalmente, depois de seguir o processo do método e produzir toda a informação anterior, é chegado o momento de "materializar" as conexões, interações, desconexões, emoções e tudo que foi declarado quase apenas textualmente. Nesta etapa vamos construir o mapa que deve orientar o projeto de implantação e a sua manutenção posterior. Porém, muito cuidado. Quando entregamos o material do *Canvas*, as pessoas querem vê-lo completo. Isso é muito parecido com o fenômeno de modelar processos. As pessoas abrem a ferramenta de modelagem e começam uma corrida mental para chegar ao fim, esquecendo de tudo que realmente importa (medições de tempo, custo, capacidade, gargalos, gaps, retrabalho e outros). Mais ainda, quando produzem um processo modelado, acreditam que fizeram um diagnóstico (*As Is*). Esse é um erro clássico.

Na jornada do cliente não é muito diferente. A ansiedade para finalizar e ver o resultado do trabalho da equipe sempre interfere no processo. Como não é o objetivo do método produzir um *Canvas*, tratamos dele após pensar e validar com cuidado todas as poderosas e necessárias etapas anteriores. Sei que pode ser difícil resistir à tentação de abrir um divertido e colorido *Canvas* para colar uns *post-its* e sentir que algo foi criado. Porém, não é bem assim.

A materialização de uma ideia em um Canvas, de qualquer tipo e para qualquer objetivo, é apenas uma pequena parte do todo. É importante que a materialização da jornada do cliente aconteça após o amadurecimento das ideias e de suas dependências, caso contrário, podemos ficar presos em um traiçoeiro e infrutífero *loop* criativo no qual tudo é possível e válido, porém, nem sempre praticável. Não queremos isso.

Deixo mais este alerta. Cuidado com a armadilha de começar pelo *Canvas*. Percebemos uma clara tendência de superutilização do conceito e dos artefatos ligados ao colorido e mais lúdico mundo dos *Canvas*. Obviamente que não sou contra a técnica ou o artefato, aliás, desenvolvi para o método uma versão do conceito aplicando-o à nossa realidade de gestão por processos com experiência do cliente. Meu ponto aqui é para reforçar a importância de que precisamos ter muito cuidado para não pular etapas e resumir tudo demasiadamente.

Se não houver um conhecimento mais aprofundado sobre os elementos do *Canvas*, preencher os espaços pode se tornar o principal objetivo do esforço coletivo. Isso se mostrou pouco relevante ao longo dos anos e não funciona para quase nada quando temos o objetivo organizacional de criar, viabilizar e entregar as soluções para os clientes.

Muita calma nessa hora e, principalmente, confie no processo.

Etapa 1
Entender Cliente

Estava pronto para começar a escrita desta etapa do livro, quando li um recente artigo de dois dos mais proeminentes nomes em gestão, inovação e tecnologia. O conteúdo é de fundamental importância sobre o tema experiência do cliente e orienta estrategicamente abordagens relacionadas ao desafio atual de Transformação Digital. Sendo assim, decidi adicionar alguns pontos de destaque do artigo e que são muito importantes para todos neste momento.

A Transformação Digital deve começar com os Clientes

Este é o título do inequívoco artigo de Thomas H. Davenport e Andrew Spanyi. Faço a seguir os destaques adaptados para o português e ao final deixarei as instruções para acesso ao original em inglês.

A justificativa inicial dos autores ronda a existência comprovada e conhecida de altas taxas de falha na transformação digital em escala geral. Atribuem, principalmente, ao grande desafio organizacional de cuidar dos desafios de transformação dos sistemas legados, dos silos de dados e unidades funcionais.

Quando um profissional de gestão por processos ouve o termo silo, provavelmente, associa de imediato aos silos de processos funcionais, mas poucos fazem a relação imediata que existe entre processos, sistemas e dados funcionais. Sabemos do esforço ininterrupto de manter os sistemas sempre adaptados e atualizados em suas funcionalidades na tentativa de manter o funcionamento das burocracias organizacionais orientadas pela visão funcional de silos. Essa prática é uma grande evidência institucional sobre a imaturidade em gestão por processos e a pouca visão interfuncional sobre o todo.

Dessa forma, as organizações têm, basicamente, três principais prioridades no momento de pensar e planejar os investimentos necessários para orientar e permitir a tão desejada e necessária Transformação Digital:

- Operações (processos)
- Modelos de negócio
- Experiência do Cliente

"Se as três principais opções são operações, modelos de negócios e experiência do cliente, por quais motivos as empresas devem abordar processos internos (operações) se eles são os menos adequados?

A mudança em modelos de negócios pode levar a melhorias substanciais nas avaliações da empresa, porém, é um grande esforço mudar completamente um modelo de negócios com o qual clientes, funcionários e parceiros de negócios já estejam familiarizados.

Sendo assim, resta-nos começar a transformação pela experiência do cliente."

Ainda no artigo de Davenport e Spanyi, os autores justificam que para enfrentar uma transformação organizacional ampla com o digital, é necessário que a empresa tenha foco claro na ordem de realização com transformação da experiência do cliente (1), relacionamentos (2) e processos (3).

Não que transformar a experiência do cliente seja mais fácil, mas porque, começando pela experiência, teremos mais chances de manter a empresa viável em vez de mudar os vários outros aspectos do negócio.

Ainda com as palavras dos autores:

"Até agora, muitas iniciativas de transformação digital não se concentraram em criar aplicações orientadas à experiência do cliente, pelo menos não de uma maneira que os clientes notaram.
Um estudo envolvendo quatro setores de negócio constatou que 4,7 trilhões de dólares foram gastos em transformação digital, mas apenas 19% dos clientes notaram alguma melhoria significativa nas experiências com as empresas."

Destaco outro trecho que vale mais uns minutos da atenção do leitor. Nele, os autores apresentam bons motivos para orientar o foco dos investimentos em Transformação Digital na experiência do cliente:

"Se empresas estabelecidas estão buscando a transformação digital para tentar repelir novos entrantes com o uso intensivo de tecnologia, suas inovações digitais precisam se concentrar em soluções com visíveis benefícios para os clientes.

Isso significa não apenas processos internos orientados para o cliente, mas também a criação de novas ofertas de produtos e serviços digitais para os clientes.

A transformação interna orientada pelo foco do cliente começa com a visualização dos negócios de fora para dentro — ou seja, do ponto de vista do cliente.

A capacidade de fazer isso mudou bastante nas últimas duas décadas, em grande parte devido ao corpo de conhecimento em constante evolução sobre o mapeamento da jornada do cliente e à importância crítica de se concentrar nos processos de negócios de ponta a ponta para criação de valor para o cliente.

O sucesso da transformação digital será em torno da criação de valor do cliente e da compreensão da importância de melhorar os processos antes de automatizá-los."

Quando comecei a escrever esta obra ainda não havia lido o artigo. Se o tivesse feito, traria nas primeiras páginas o trecho que destaquei anteriormente. É muito importante termos esse tipo de orientação publicada e disponível mundialmente na página de uma instituição com tanto respeito quanto o MIT — Massachusetts Institute of Technology.

Para ler o artigo na íntegra, algo que aconselho a ser feito, utilize este *link: https://sloanreview.mit.edu/article/digital-transformation-should-start-with-customers/*

Os autores

Thomas H. Davenport é autor e professor de tecnologia e gestão na Babson College, além de membro da Iniciativa MIT sobre economia digital e conselheiro sênior da Deloitte.

Andrew Spanyi é o fundador da Spanyi International Inc., uma empresa de serviços de consultoria que trabalha no cruzamento de experiência do cliente, inovação de processos e tecnologias digitais.

Após ler o artigo dessas duas grandes referências mundiais, posso dizer que foi muito gratificante ver corroborada a poderosa conexão do conteúdo desta obra com os esforços de Transformação Digital. E é com essa reforçada certeza que continuamos na jornada de entendimento do método CCBXD.

Sendo assim, e se até mesmo a Transformação Digital deve começar pela experiência dos clientes, vamos entender o uso de algumas abordagens que nos auxiliam nesta complexa e rica tarefa de "ter o foco do cliente".

Agora, para combinarmos o nosso "norte", considere que temos o seguinte desafio pela frente. Precisamos:

Utilizar a perspectiva do cliente (1), desenvolver melhores soluções (2), para melhorar processos e tecnologias (3), entregar experiências memoráveis aos clientes (4) e transformar resultados organizacionais (5).

Como dizia o revolucionário executivo Jack Welch:

"Temos agido de dentro para fora (inside-out) por mais de cem anos. Forçar tudo ao redor de uma visão de fora para dentro (outside-in) mudará completamente o jogo."

Aproveito para reforçar aqui a importância da correta compreensão dos conceitos de *outside-in* e *inside-out*. Vimos o tema logo no início do livro em "Qual o foco da empresa".

Se você ainda tiver dúvidas sobre as diferenças fundamentais entre as duas perspectivas, não se acanhe, marque esta página e volte um pouco no livro. Se os conceitos estão firmes, vamos seguir em frente e reforçar a internalização do tema.

Como já vimos, ter o foco do cliente não é apenas ir para o fim da fila. É muito mais.

Só conseguiremos adotar o foco do cliente quando, no mínimo, conhecermos o cliente (1), entendermos o que ele realmente objetiva (2), projetarmos como podemos ajudar a entregar tal experiência (3), testarmos as ideias (4), avaliarmos nossas capacidades atuais (5) e projetarmos as melhorias futuras nos processos (6). Identificar a emoção que será gerada em cada interação dos clientes com os produtos e serviços da organização (7) é um desafio grandioso, pois precisaremos proporcioná-la (8) em cada momento da verdade (9) e em cada ponto de contato (10).

Esses dez itens podem ser percebidos como itens de um constante *checklist* necessário em nossa prática diária.

Portanto, para começar a melhor entender os nossos clientes, vamos observar alguns vetores compilados e inspirados nas aulas de Steve Towers, as quais tive a honra e a sorte de assistir logo no início da minha jornada profissional em *customer experience*.

Não se engane, são vetores com algum tempo de estrada, mas continuam muito influentes para a nossa necessidade constante de revisitar informações para o melhor entendimento de comportamentos e expectativas dos clientes.

Vetores Importantes para o Foco do Cliente

1- Poder de Escolha
Não é preciso explicar muito sobre este vetor, basta você tentar responder o seguinte:

- Quantas marcas e modelos de telefone celular você conhece?
- Quantos bancos você conhece?
- Quantos fornecedores diferentes existem para um mesmo produto ou serviço que utilizamos em nosso dia a dia?

Se você respondeu algo parecido com "muitos" ou "são tantos que nem sei ao certo", você percebeu o motivo pelo qual o vetor de poder de escolha é tão importante.

Foi-se o tempo no qual tínhamos apenas uma ou outra empresa prestando um determinado serviço ou oferecendo um produto. Nesse longínquo tempo, vivíamos como "reféns" das empresas. Mudar de banco, telefonia, provedor de internet, financiamento e muitos mais serviços/produtos, tudo era tão difícil que o natural era desistir e aceitar o que já estávamos acostumados. Éramos mais complacentes e amortecidos nas relações com as empresas.

Hoje, vivemos em uma era em que praticamente tudo já possui versões e fornecedores diferentes e mais adaptados/adequados para um determinado tipo de **desejo**, **necessidade** ou **obrigação** dos clientes. Lembra do trecho do livro no qual eu falo sobre a diferença entre desejo, necessidade e obrigação?

Se você lembrou, muito bem, continue. Se não lembrou, você já sabe o que deve fazer. Pode ir até o trecho que trata de *"Customer Experience"* e depois volte.

2- Relacionamentos Promíscuos

Calma, não é nada sexual. Vou explicar.

Como uma consequência quase natural do elevado poder de escolha dos clientes hoje em dia, temos, igualmente, um elevado índice de troca de parceiros comerciais/fornecedores. Basta que o produto/serviço deixe de nos satisfazer, imediatamente começamos o processo de encontrar novos provedores.

Essa extrema volatilidade nas relações provoca a promiscuidade na relação cliente-empresa.

Nem mesmo as soluções que já foram consideradas disruptivas e inovadoras ficam livres dessa extrema competição. Tudo o que é tecnológico-físico-operacional, sem exceção, é possível de ser copiado, adaptado, ajustado e ofertado de maneira um pouco diferente e se tornar, na cabeça do cliente, um produto, serviço ou marca substitutiva. A grande questão é: o que podemos fazer para reduzir essa promiscuidade toda e criar relações mais fidelizadas entre cliente e empresas?

Já sabemos que a estratégia de adicionar dificuldades para a mudança ou amarras contratuais não funcionam mais. Um *spoiler* rápido, posso adiantar que a nossa resposta, provavelmente, orbitará o conceito de experiência do cliente.

3- Clientes mais Informados

Também conhecido por "*Prosumer*", que é a união de duas palavras inglesas, **Professional** (profissional) com *Consumer* (consumidor). Essa união teve a intenção de evidenciar e tratar de um fenômeno que já testemunhamos há alguns anos.

Sabe quando você pensa em comprar um novo produto, assinar um serviço e, pasmem, ir a uma consulta médica? O que fazemos antes de qualquer coisa?

Sim, você sabe a resposta. Nós "googlamos" sobre aquilo.

Se você não sabe o que é googlar algo, aproveite para adicionar esse maravilhoso neologismo ao seu vocabulário e saiba que o seu significado é, puramente, o ato humano de buscar por algo no Google. Se você não sabe o que é Google, entre em contato comigo. Precisamos saber como é despertar de uma hibernação após vinte anos consecutivos.

Brincadeiras à parte, o poder do motor de busca é tamanho que, mesmo temporariamente, torna-nos um pouco "especialistas" em quase qualquer tema. Obviamente, por vários motivos, essa especialização instantânea traz consequências nem sempre agradáveis, mas isso é assunto para outra conversa.

No caso do fenômeno do *Prosumer,* a possibilidade de encontrar resposta para quase tudo e conseguir comparar os resultados alcançados, com o mínimo de esforço, é algo capaz de transformar o mais leigo dos mortais em um ser com mais informação momentânea do que nós jamais imaginamos. Ainda me lembro do tempo no qual perguntávamos aos vendedores na esperança de obter um pouco mais de informação sobre a desejada TV, o carro, o seguro de vida, a conta bancária e assim em diante. Hoje, chegamos no consultório médico e ouvimos o diagnóstico com a ambição de comparar o resultado do Google com o que o médico diz. Nesse caso, é uma perigosa abordagem, mas sabemos que o *Prosumer* também faz isso em seu dia a dia.

Você se entende agora como um *Prosumer*?

4- Expectativas e Experiências Partilhadas

Até pouco tempo atrás, eu costumava tratar esse vetor como dois itens separados que se complementavam, mas, depois de muito utilizar e avaliar essa simbiose natural, decidi uni-los para simplificar.

Na era da experiência do cliente, não apenas desejamos ter melhores emoções atreladas aos contatos e interações que temos com os produtos e serviços das marcas. Hoje em dia, partilhamos nossas experiências nas redes sociais constantemente. Esse hábito moderno, querendo ou não, provoca uma expectativa a ser alcançada pela parte que observa. Estamos constantemente expostos ao que outros vivenciaram ao visitar determinado local, ao consumir um produto, ao interagir com as empresas e o que mais acontecer.

Nossa dinâmica e os critérios de avaliação são extremamente atualizados com uma dinâmica insaciável e com quase total autonomia por parte dos participantes. Antes, tínhamos como fonte de referência, revistas, livros e artigos dedicados aos assuntos que nos interessavam. Eram avaliações de experiências descritas e relatadas por "especialistas" que dominavam o tema. Ou seja, tínhamos expectativas desenhadas por pessoas que não nos representavam, em sua maioria, mas as considerávamos como conhecedoras e, por isso, prestávamos atenção.

Com as redes sociais, essa relação mudou e sua dinâmica foi completamente alterada. Agora, buscamos avaliações de pessoas que nos trazem algum nível de semelhança no estilo de vida e, dessa forma, ajustamos as nossas expectativas com referências mais próximas das nossas. É uma prática muito poderosa e que ultrapassa totalmente a compreensão organizacional mais tradicional, muito ainda focada em indicadores de desempenho que evidenciam questões internas.

Hoje, *posts* em redes sociais são uma das mais puras formas de descrever as experiências reais, que definem as expectativas dos observadores ao traduzirem em elementos mais humanos o verdadeiro valor percebido pelos clientes.

5- Rebeldia

Então, após muito tempo aguardando o atendimento, o cliente desiste, tira uma *selfie* mostrando o problema e sua insatisfação, publica nas suas redes sociais e avalia negativamente o estabelecimento, o produto, o serviço e a marca. Um estrago gigantesco na marca pode ser gerado tendo esse desditoso evento como ponto de partida. Hoje em dia, as empresas precisam atender os clientes gerando satisfação conforme as diferentes expectativas. Não apenas isso, como se já não fosse difícil o suficiente, as empresas também precisam atuar na gestão dessas "rebeliões digitais" — atualmente conhecido nas mídias digitais como "cultura do cancelamento" (vale uma googlada).

Devemos imaginar que a rebelião do cliente, provavelmente, é fundamentada e teve origem na insatisfatória execução de uma interação do produto/serviço com o cliente.

Porém, com a facilidade de tornar tudo imediatamente público, ao apertar de um botão digital no telefone celular, o velho ditado que diz: um cliente feliz fala para um e o insatisfeito fala para dez, mudou. Agora é sempre elevado a potências muito maiores. Cuidar da entrega das melhores experiências é, também, um trabalho de gestão de inevitáveis rebeliões digitais. Nem sempre o cliente tem razão, mas sempre tem o poder.

Para finalizar este trecho sobre os cinco vetores que influenciam a necessidade crescente e constante de adotar o foco do cliente, reflita sobre o seguinte.

Na era da experiência do cliente, precisamos entender e aceitar que o crescente **Poder de Escolha**, se não for tratado em um nível humano e emocional ao longo das interações, pode gerar **Relacionamentos Promíscuos**.

Afinal, temos **Clientes mais Informados**, que atuam diariamente na **Partilha de Experiências e Expectativas** entre seus semelhantes e, mesmo quando agimos para manter a constância na entrega de valor, ainda assim, as empresas precisam estar atentas e devem cuidar da constante e imprevisível **Rebeldia**.

Quando melhoramos os nossos produtos e serviços, alteramos a expectativa de nossos clientes.
Pontualidade, qualidade, preço justo, nada disso, isoladamente, é visto pelos clientes como um grande diferencial de marca/ produto/serviço. Passamos um bom tempo ensinando o nosso cliente a querer sempre mais. Ele aprendeu e isso é bom.
Agora, precisamos melhorar as organizações para entregar as maravilhas que prometemos nas propagandas.

Como você já deve ter percebido, a etapa Entender Cliente é bastante robusta e densa em informações que orientam e se complementam. Minha intenção não é adicionar mais teoria para incrementar o número de páginas do livro, muito pelo contrário.

Um dos trabalhos mais difíceis ao escrever esta obra é ter que selecionar o que terá lugar nas páginas e o que ficará de fora. O universo da experiência do cliente é muito vasto e em constante atualização, por isso é uma luta interna para definir os escolhidos. Tudo o que estou apresentando aqui tem o poder de ajudar na melhor compreensão e execução do método. Portanto, sigamos firmes e vamos avançar para a parte mais prática.

Segmentar Clientes

Existem muitas maneiras interessantes de fazer a chamada segmentação de clientes, ou segmentação da base de clientes. Utilizaremos conceitos e princípios que são úteis para o nosso objetivo e reconhecidos e utilizados em outras abordagens. Como já vimos, um bom método não precisa ser dogmático. Deve ser pragmático, mas, ao mesmo tempo, maleável e resiliente a ponto de permitir mudanças, adições e subtrações. A nossa segmentação de clientes também segue esses princípios.

Para começar, basicamente, podemos segmentar uma base de clientes já existentes ou segmentar prospectos. Dessa forma, veremos os que já são clientes da empresa e os que pretendemos que venham a ser. Independentemente de já serem ou não clientes, seguiremos o refinamento sucessivo para começar.

Quando já temos clientes na base da empresa para avaliar e segmentar, podemos/devemos utilizar uma série de critérios para diferenciação. Vimos alguns exemplos que podem ajudar ainda no trecho que trata de *Return on Experience* - ROX, tais como *Churn Rate, Net Promoter Score e Customer Lifetime Value*. Porém, fica aqui o alerta para que, ao se pensar em segmentação da base de clientes de uma empresa, obviamente, especialistas em clientes, produtos, serviços, vendas e outros devem ser envolvidos. Afinal, a lógica de segmentação também é uma responsabilidade da liderança organizacional, a qual sempre deverá ser envolvida.

Para o objetivo de execução do método CCBXD, fica o alerta de que devemos envolver outros especialistas em clientes nessa etapa e, assim, considerar outras abordagens que sejam necessárias, tais como a diferenciação por valor com separação de *Below Zero* e muitas outras.

Sendo assim, vejamos o fundamental para o trabalho de entender cliente no método CCBXD.

Mercado de Massa

Apesar do nome, não trata apenas da segmentação de clientes com interesse em produtos alimentícios. Porém, utilizando essa péssima piada inicial, podemos entender mais sobre esse nível mais abrangente de segmentação, utilizando o exemplo deste item de grande apreciação mundial.

Portanto, se observarmos uma indústria que se posiciona na oferta dos seus produtos para o mercado em geral como "fabricante de macarrão", estamos "trocadilhicamente" diante de uma abordagem de mercado de massa. Nessa abordagem, a empresa não promove ou intenciona diferenciação, pois está voltada à oferta do produto para um grupo muito abrangente de clientes (o mercado) no qual a similaridade de interesse define o principal valor percebido — neste caso, alimentos à base de farinha.

Como podemos já imaginar, essa pouca/nenhuma diferenciação de valor para os clientes, pode provocar uma disputa sem fim pelo menor preço e comoditização de produtos.

Se a organização deseja entrar na era da experiência do cliente, segmentar apenas no nível de entendimento e valor do mercado de massa, tornará muito mais difícil alcançar os próximos níveis de entendimento e valor.

Mercado de Nicho

Em um nível mais refinado de segmentação que o mercado de massa, a diferenciação por nicho adiciona informações e compreensões que permitem algum tipo de percepção de valor — muito mais alinhada aos desejos, necessidades ou obrigações.

Ainda no exemplo da fábrica de macarrão, seria o mesmo que evoluir a abordagem de oferta de valor para traduzir aos seus atuais e prospectos clientes, uma nova oportunidade de escolha entre os diferentes tipos de macarrão. Por exemplo, macarrão integral. Ao segmentar o produto para um mercado de nicho, o de alimentos integrais, a empresa estabeleceu um "nicho" de valor no mercado de massa e, assim, criou um mercado menor dentro de um mercado maior.

Se você quiser, pode associar essa abordagem de segmentação com a antiga frase: dividir para conquistar. Neste caso, não estamos falando de conquistas militares ou de sistemas de governo, mas da capacidade que uma organização pode desenvolver para segmentar os diferentes tipos de clientes por interesses e atrair mais atenção para suas ofertas.

Público-alvo

Deste nível de segmentação em diante, cada vez mais, teremos os dados relacionados ao comportamento dos clientes como fonte complementar ao esforço de entendimento do mercado para melhor promover uma diferenciação de oferta com base em valor percebido.

Isso significa que, por meio de pesquisas, entrevistas, observação, grupos focais, análise de dados demográficos, rastreamento do comportamento de consumo e várias outras abordagens, a empresa pretende refinar a sua compreensão sobre os seus clientes e potenciais clientes. Uma vez alcançado um nível de compreensão que permite uma maior especificidade sobre desejos, necessidades e obrigações do público-alvo em análise, a organização conseguirá evoluir em sua oferta.

Voltando ao exemplo da massa, imagine que após realizar todo o trabalho de investigação, pesquisa e envolvimento do público-alvo, a organização consegue perceber que, agora, seu cliente está na faixa etária entre 25 e 45 anos, possui renda familiar superior a 10 salários mínimos, possui em média 1 filho, reside principalmente em grandes capitais, busca praticidade, valoriza sabores mais apurados, está preocupado com a saúde de sua família e com a sustentabilidade dos produtos que a empresa comercializa.

De posse de todas essas informações, não apenas o produto, mas toda a sua oferta, pode sofrer inúmeros ajustes e se aproximar do que é mais valorizado pelo público-alvo.

No nosso exemplo, poderíamos desenvolver uma linha específica de produtos e serviços voltados para esse tipo de família e jovens profissionais, que apreciam massas integrais, bem-estar, sustentabilidade e algum nível de refinamento e significância. Tenho quase certeza de que você já consegue imaginar algum produto que adota essa proposta "gourmet-sustentável-prático-saudável".

Personas

E se o cliente achar que apenas entregar um produto "gourmet-sustentável-prático-saudável" já não é mais suficiente? Agora, ele descobriu o maravilhoso universo das facilidades, dos mimos, das assinaturas, das experiências e do constante cuidado.

Nesse caso, está na hora de extrapolar as informações alcançadas na segmentação do público-alvo e avançar. Este é o caso de aplicar uma segmentação ainda mais humanizada, empática e compassiva, as Personas.

Muitos utilizam o termo "Avatar" em vez de Personas. Nada de errado ou contra. Prefiro usar Personas por perceber uma certa predominância do termo Avatar no universo dos jogos, tecnologias e gamificação. Como utilizo o conceito 99% do tempo fora desses domínios, faz mais sentido para a minha prática. Porém, se você está mais conectado aos outros domínios citados, siga em frente e utilize o Avatar. São sinônimos de um conceito muito maior e que transcende a etimologia das duas palavras.

Voltando para a Persona, podemos dizer que uma segmentação em nível de Persona é, basicamente, uma segmentação que ambiciona entender uma pessoa além dos tradicionais dados demográficos.

Uma boa definição de Persona também está preocupada em entender e representar questões mais humanas, chamadas de dados psicográficos. Ou seja, incluímos estilo de vida, hábitos, opiniões, preferências sociais, influências, medos, desejos, tendências, dores e o que mais for possível de se eticamente obter para melhor entender e definir como a empresa pode desenvolver soluções e ajudar.

Um breve adendo sobre o tema Personas. Se você pretende atuar e se especializar em segmentação de clientes até o ponto de ser capaz de desenvolver poderosas Personas, além de muito conteúdo específico sobre o tema, aprenda também sobre Economia Comportamental (*Behavorial Economics*). Se não é psicólogo, estude um pouco sobre o tema e enverede também para a fisiologia do cérebro humano na moderna neurociência. Até mesmo a prática de meditação ajuda muito nesse conjunto. Por experiência própria, posso garantir, esses conhecimentos complementares elevarão compreensão e prática para outros níveis muito superiores. Fica a dica.

Ainda sobre Personas, e com o foco no uso do método CCBXD, obviamente, utilizaremos um menor conjunto de informações sobre os clientes para criar Personas, mas não entenda o nosso modelo como algo definitivo. Novamente, a ideia é ter uma estrutura mínima e maleável que nos permita avançar partindo de um ponto em comum.

Sendo assim, e para materializar o resultado da etapa de Entender Cliente, veremos a seguir como ficaria o uso do conceito em nosso modelo de ficha de Persona.

Modelo de Ficha para Preenchimento de Personas

CCBXD® Persona: Objetivo:

Foto

Palavra-Chave

Demográfico
Idade:
Estado Civil:
Profissão:
Família:
Localização:
Renda:

Personalidade
Introvertido — Extrovertido
Analítico — Criativo
Conservador — Liberal

Motivações
Facilidade ☆☆☆☆☆
Utilidade ☆☆☆☆☆
Significância ☆☆☆☆☆
Medo ☆☆☆☆☆

Canais
Tradicional
Mídia Social
Referências
Inbound
Mail Mkt
SMS
Telefone

Metas

História

Frustrações

Ao observar a ficha de Personas, vamos entender rapidamente cada um dos elementos e facilitar a sua utilização na prática. Obviamente, como tudo na vida, o treino e o envolvimento com o tema o tornará muito mais fluente, nesse caso, em "Personês".

CCBXD Persona

Campo dedicado para você inserir um "nome humano" para a sua Persona. Evite nomes do tipo Cli_50_BD_Brasil_CMV.

Além desse nome não significar nada para os outros que irão ler, também atrapalha no alcance de um dos principais objetivos da ficha de Personas — criar uma conexão emocional com o cliente. Dê nomes reais de pessoas para Personas.

Foto

Sim, dê uma googlada e encontre uma foto que traduza a personalidade da Persona que você está descrevendo. Esse é mais um artifício prático para criar uma relação emocional, compassiva ou empática com os clientes. Além disso, a foto vai ajudar funcionando como uma ligação visual direta entre a futura jornada e os objetivos das Personas atendidas pelas jornadas.

Palavra-chave

Logo abaixo da foto é interessante haver uma palavra-chave que tenha conexão direta com a Persona, a foto e o que está detalhado na ficha. Normalmente, assim como na busca pela foto ideal para a ficha, alcançamos uma melhor compreensão sobre a palavra-chave após o preenchimento de todos os campos da ficha de Persona.

Demográfico

Este é um dos campos mais autoexplicativos, mesmo para os mais iniciantes no tema. São informações mais elementares sobre o público-alvo que será humanizado e personalizado ao longo da ficha. Neste caso, basta seguir a ordem sugerida e preencher. Sem mistérios ou surpresas escondidas.

Personalidade

Uma boa descrição de persona, como já vimos anteriormente, deve tentar trazer informações complementares aos dados demográficos. Sendo assim, utilize o setor de Personalidade da ficha para descrever se a Persona tem um perfil mais ou menos introvertido, mais ou menos analítico e mais ou menos liberal. Obviamente, fazer esse tipo de descrição, principalmente no início da prática, pode ser complexo, subjetivo e frustrante. É normal. Conforme a organização amadurece no tema e começa a tratar melhor os dados e informações sobre os clientes, esse tipo de evidência ou tendência torna-se um pouco mais objetivo e simples. Mas, não tenha dúvidas, no início e em empresas pouco maduras no tema, o preenchimento da ficha de Personas terá um sabor bastante acentuado em subjetividade e inferência. Não se assuste com isso, afinal, se fosse fácil e simples, todos já estariam fazendo.

Motivações

Estamos cada vez mais dentro dos dados psicográficos sobre os clientes. Isso já é incômodo por natureza, porém, invista mais algum tempo em entrevistas, pesquisas e no que for possível para cobrir todos os campos com a devida importância e cuidado. No setor de motivações, procure avaliar e concluir quais seriam os fatores de maior e menor influência na tomada de decisão da Persona quando estiver em busca de uma solução.

Estaria em busca de mais facilidade, utilidade, significância ou o medo é algo preponderante nesse caso?
Todas essas combinações são possíveis.

Fica a dica desde já, uma boa solução endereçará o máximo possível de elementos gerando mais segurança emocional e racional para a Persona durante o momento de tomada de decisão. Cobriremos esses elementos com muito mais detalhes e profundidade na etapa de criação de soluções.

Canais

Neste setor, queremos representar os canais de comunicação mais utilizados ou desejados pela Persona. Dependendo do público, uma solução incrível que se comunica por um canal pouco utilizado pela Persona, apesar de ser bom, pode continuar desconhecido, se tornar um fracasso empresarial e levar a interpretações equivocadas sobre a aderência da oferta. É muito comum errar na escolha do canal mais adequado para um determinado tipo de solução por persona. Hoje em dia, com o constante uso impensado de conceitos, muitas empresas acreditam que precisam ser *omnichannel* ou *multichannel* para ter sucesso. Na verdade, essa pode ser uma grande armadilha com erros em investimentos, muitas frustrações e perda de mercado. Trataremos ainda mais de canais e pontos de contato na etapa de construir a jornada.

Para efeitos de preenchimento da ficha de Personas, mesmo sem dominar o tema Canais, preencha os corações para mostrar as formas de comunicação mais adequadas ou desejadas para essa persona.

Metas

Atenção neste ponto. Muitos são levados pela prática e rotina diária e acabam por preencher as metas pela perspectiva organizacional — *inside-out* — visão interna. Não é esse o objetivo deste setor da ficha de Personas. No momento de preencher este setor, pense e descreva as metas que a persona pode ter e que justificam a sua busca por soluções para os seus desejos, necessidades e obrigações. Perceba que este setor possui poucos espaços livres disponíveis, e isso é intencional. Se tivermos muita liberdade nessa etapa, escreveremos com facilidade muitas e redundantes metas.

Frustrações

Um dos campos mais importantes para preenchermos na ficha de Personas. Sabe o motivo? Sim, conhecer as dores e frustrações do cliente nos ajuda a pensar e criar novas soluções. Repare que este setor também possui pouco espaço disponível e o motivo é o mesmo que o do setor de metas. Seja objetivo e traga apenas o que deixar o cliente realmente frustrado por não ter disponível. No que as outras soluções estão falhando e se tornam uma frustração para o cliente? Essa é uma boa pergunta que deveríamos fazer mais vezes.

História

Agora é o momento de escrever de maneira sucinta e objetiva uma história que tenha relação com o cliente (a Persona) tentando alcançar o objetivo que nos orienta para a criação de soluções alternativas. Não é para escrever sobre um dia em que o cliente foi à praia e se queimou com o sol — a não ser que a nossa segmentação tenha alguma relação com isso. Vendemos protetor solar, chapéu... aí tudo bem. Fora isso, lembre-se: descreva de maneira resumida os principais eventos com os quais a persona se envolve ao tentar alcançar seus objetivos. Diga as ações, onde são realizadas, como as realiza, o motivo, o que funciona, o que não funciona, como a Persona se sente e o que mais traduzir a história não apenas no nível descritivo-funcional, mas que torne possível a criação de um vínculo emocional e, quem sabe, até mesmo fazer o leitor se sentir na pele da Persona. Essa seria uma história perfeitamente elaborada e apresentada. Preciso reforçar que isso também exige estudo e treino para desenvolver as habilidades necessárias e conseguirmos descrever histórias poderosas e que convertem em soluções muito mais alinhadas do que as abordagens focadas em produtos/serviços.

Se estiver se perguntando sobre a semelhança ou relação dessa história com as conhecidas "histórias de usuários" do mundo Agile, sim existe alguma semelhança, mas não é total.

Normalmente, histórias de usuários estão orientadas para demonstrar o desafio do "usuário" e como a solução sistêmica pode ajudar.

No nosso caso, isso pode ser uma parte da história, mas precisa ir muito além. Afinal, não estamos focados — apenas — no desenvolvimento de soluções tecnológicas. Sei que é possível ir além também com as histórias de usuários, mas não é o mais comum de encontrar.

Sendo assim, pode utilizar para complementar a visão, mas não fique restrito.

Objetivo

Propositalmente deixado por último, o campo de objetivo é o local reservado para descrever — em duas linhas — o nosso entendimento geral sobre o que a Persona está buscando. Os demais campos da ficha de Persona servem para, um a um, pensarmos nos elementos que ajudam a entender melhor o que motiva a Persona a procurar por soluções ou se interessar pelas nossas ofertas e propostas.

No campo objetivo, tente descrever pelo ponto de vista da Persona quais seriam as principais vitórias envolvidas no desejo que estamos tentando entender melhor.

Após preencher todos os campos, provavelmente, será um pouco mais simples e direto preencher as duas linhas do campo de objetivo. Por qual motivo duas linhas?

Para trabalhar o nosso poder de síntese e deixar a informação o mais sucinta possível. A ficha de Persona não é um tratado.

É um retrato volátil sobre determinado segmento de mercado, agora mais humanizado, que tem relevância para o negócio da organização e pode orientá-la na criação e oferta de melhores soluções para os clientes.

Nos próximos passos do método, mergulharemos ainda mais no universo da Persona em análise. Sendo assim, é natural que após realizada a etapa de Entender Trabalhos você queira voltar e atualizar a ficha de Persona com a nova percepção alcançada. Além de não estar errado, é, também, uma abordagem saudável e que pode resumir bem a prática de constante análise de dados e comportamentos dos clientes para enriquecer o conhecimento e, assim, auxiliar as organizações no desenvolvimento e na entrega de melhores e novas soluções para os clientes.

* * * * *

Espero que a explicação sobre como melhor entender o cliente tenha sido suficiente para ajudar o leitor a começar e/ou melhorar os seus passos nessa jornada. Não é necessário dizer que o desempenho da ficha de Persona está diretamente relacionado às competências e habilidades dos participantes envolvidos na iniciativa. Se você tiver interesse em se desenvolver no tema, uma vastidão de conhecimentos está à sua espera. Nas referências bibliográficas separei livros e artigos muito bons para ajudar o leitor nessa jornada. Este é só o começo. Para concluir, inspirar e incentivar o leitor na realização da atividade desta etapa, na próxima página eu apresento uma ficha de Persona completamente preenchida. Preencher a sua é uma ótima forma de treinar.

Nos próximos passos do método reforçaremos ainda mais os conceitos e veremos novos elementos da prática. Continue firme.

Exemplo de Ficha de Personas

CCBXD | Persona: Pedro

Objetivo: Quer ser reconhecido pela qualidade do trabalho e ter acesso ao que há de melhor para auxiliar na execução das obras.

Demográfico
Idade: 34
Estado Civil: Solteiro
Profissão: Arquiteto
Família: Sem filhos
Localização: São Paulo
Renda: 15.000

Acesso

Personalidade
Introvertido — Extrovertido
Analítico — Criativo
Conservador — Liberal

Motivações
Facilidade
Utilidade
Significância
Medo

Canais
Tradicional
Mídia Social
Referências
Inbound
Mail Mkt
SMS
Telefone

Metas
Liberdade
Reconhecimento
Agilidade
Tranquilidade

Frustrações
Perda de dados
Troca de equipamentos
Impressão plotter
Equipamentos caros

História
Pedro trabalha 6 dias da semana a deslocar-se pelas regiões da cidade. Sempre que seu cliente pede uma alteração em um projeto em execução, ele leva muito tempo para atualizar o projeto e entregar a mudança na obra. O risco de perda/quebra de equipamentos é grande quando se vive em deslocamentos constantes.

Etapa 2
Entender Trabalhos

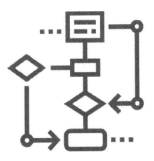

Há alguns anos vivenciamos uma evidente transição entre o comportamento das gerações anteriores e um novo padrão que se estabelece nos mais jovens e, obviamente, também conquista uma boa parcela dos mais experientes. Estou falando sobre a mudança que acontece no movimento de compra e consumo de produtos migrando, de maneira perceptível, para filosofias mais orientadas ao uso partilhado, assinatura de serviços, reciclagem, reutilização criativa de produtos — o chamado *upcycling* e outras mais. É, também, uma mudança gradual de interesses e valores.

Se observarmos o frenesi que a indústria dos *smartphones* viveu nas últimas décadas e compararmos com os números mais atuais, perceberemos rapidamente uma redução no interesse de constante troca do aparelho pelo modelo mais atual, veremos um crescente interesse de manutenção do bem por mais tempo.
Percebemos que estratégias baseadas em obsolescência programada e percebida, para o bem geral da natureza e com alguma infelicidade para indústria, já não são tão frutíferas como antes. Resumidamente, não apenas por questões mais tradicionais como a perda no poder de compra dos trabalhadores, é cada vez mais comum encontrar pesquisas que mostram uma relevante perceptível queda no consumo em geral. Como tudo na vida, também tem o lado bom e o lado ruim.

Para não avançar muito em questões que extrapolam demais o objetivo deste pequeno livro, vamos considerar essa "mudança generalizada no comportamento de compra" como mais um grande desafio a ser tratado pelas organizações atuais. Afinal de contas, as organizações precisam entender, aceitar e agir de maneira mais alinhada ao que o seu público espera e valoriza.
É chegado o momento de trabalhar para a reinvenção da antiga fórmula de criar e vender produtos. Precisamos ajudar a criar, desenvolver e entregar melhores experiências para os clientes. Mudaremos o foco organizacional de adquirir para ajudar.

As organizações devem pensar no que os clientes precisam e em como podem ajudá-los.

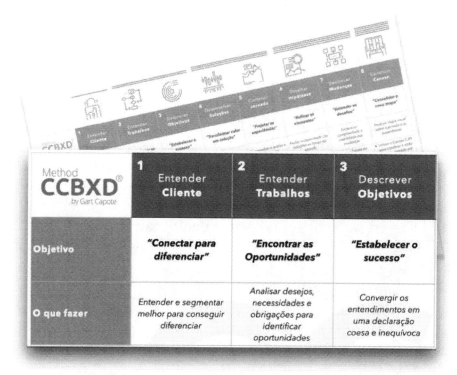

Destaque das três primeiras etapas do Método CCBXD

Ao praticarmos o que é proposto no método CCBXD, é natural que alguns profissionais vejam as três primeiras etapas do método como um único "bloco" de trabalho. Não tem problema. Como vimos anteriormente, a intenção de criar o método é ter uma estrutura mínima, maleável e que permita adaptações durante o uso. Este é um bom exemplo. Se você quiser considerar os três primeiros passos como um esforço só, tudo bem. O mais importante é percebermos que estas são ações complementares e necessárias para um aprofundamento razoável no universo dos conhecimentos relacionados aos clientes.

3 Dimensões

Acabamos de realizar o preenchimento da ficha de Personas. Agora, e com a clara intenção de aumentar ainda mais o nosso conhecimento sobre o cliente, passaremos a investigar e descrever os motivos que influenciam a tomada de decisão da Persona.

Seguindo os princípios da economia comportamental (*behavioral economics*) e a poderosa perspectiva de *Jobs to be done*, estamos cada vez mais próximos de alcançar o chamado "resultado desejado" — *desired outcome*. Para alcançarmos essa informação, precisaremos considerar e utilizar três dimensões que influenciam muitos dos clientes — mesmo que de forma inconsciente.

Porém, deixo aqui mais um alerta: adotar a abordagem das três dimensões não é o mesmo que abandonar ou desprezar as centenas de outras abordagens complementares. Apenas optei por trazer uma forma que fosse objetiva e simples o suficiente para ajudar na evolução dos trabalhos, mas muitas outras continuam importantes e o leitor deve sempre ampliar o seu repertório no tema. Como já falamos nesta obra, lembre-se de sempre melhorar a sua combinatividade.

Voltando ao tema das três dimensões, veremos rapidamente nesta etapa do método as dimensões emocional, social e funcional.

1- Dimensão emocional

De forma muito objetiva, posso dizer que, quando tratamos da dimensão emocional, estamos tratando da dimensão mais subjetiva e vulnerável de qualquer Persona. Apesar de sermos seres muito emocionais, fomos treinados desde cedo a ser racionais quando estamos executando uma atividade profissional.

Esse ensinamento, que pode ter começado na mais tenra infância, cobra um preço alto dos profissionais envolvidos em atividades mais influenciadas por colaboração, criatividade, compaixão e empatia. É muito comum perceber esses bloqueios pessoais nos profissionais durante esses momentos de trabalhos mais subjetivos e menos pragmáticos.

Utilizaremos uma ferramenta simples e muito útil para ajudar na realização desses trabalhos.

2- Dimensão social

Outra dimensão bastante "estranha", ao menos inicialmente e para o profissional menos experiente em projetos orientados para a melhoria da experiência do cliente.

Quando falamos da dimensão social, não nos referimos ao universo das redes sociais — não apenas.

Imagine que a integração e a interação social existem há milhares de anos e, por isso, precedem as redes sociais que hoje tanto nos ocupam os dias. Neste caso, tratamos de uma dimensão que representa as nossas preocupações menos reconhecidas. Vou explicar. Muitos aprendem e se orgulham em dizer:

"Eu não me importo com o que pensam ou falam de mim".

Essa é uma bela frase de efeito. Porém, milhares de estudos comprovam que não é bem assim. Nosso cérebro e a nossa mente se preocupam — e muito — com o que acreditamos ser a nossa "imagem" perante o núcleo social que pertencemos.

Isso é tão forte, e inconsciente, que as redes sociais digitais utilizam esse conhecimento para "fisgar" seus utilizadores e atraí-los para a armadilha sem fim de ser reconhecido/percebido pelo outro como alguém com qualidades, posses, valores e o que mais for importante para o avaliado e seus observadores.

Sendo assim, veremos na dimensão social como a Persona deseja ser percebida ao buscar a solução para os seus problemas e necessidades, ao realizar um desejo ou cumprir com as suas obrigações de pessoa responsável e obediente.

Podemos até negar conscientemente e verbalizar o contrário, mas, excetuando os seres muito mais iluminados, quase todos temos preocupações com a nossa bela imagem social.

Apenas um rápido comentário pessoal sobre a imagem social e como ela é importante para o ser humano comum.

Se você observar os tipos de sonhos que povoam a sua mente durante a noite, perceberá a influência diária dessa constante pressão social. Mais ainda, se você começar a meditar, imediatamente perceberá que, boa parte do nosso tempo (consciente e inconsciente), nossa mente está dedicada a criar histórias internas influenciadas pelas consequências sociais das nossas ações. Os motivos serão variados, mas se analisarmos bem, teremos flutuações entre "ansiedade" por querer algo (preocupação com o futuro) e algum nível de "melancolia" ou arrependimento por algo que aconteceu no passado — e já não poderemos mudar.

Como disse no início deste livro, meditar também é uma ferramenta muito importante para o aprimoramento das nossas atividades profissionais. Os leitores já iniciados na prática de meditação podem confirmar: é muito difícil manter a nossa mente disponível para viver plenamente o momento presente. Essa dificuldade humana é um problema mundial moderno e, muitas vezes, é diagnosticado apenas como mais um caso de ansiedade ou depressão.

Aproveite essa dica e experimente você também. Dedique alguns minutos do seu dia para manter o foco no presente e conseguir celebrar o que se é e o que se tem. Serão minutos preciosos com a sutil liberdade de não deixar a mente ruminar o passado e nem se preocupar com o futuro.

3- Dimensão funcional

Finalmente, chegamos na dimensão mais tangível e pragmática. Esta é a dimensão mais simples para conseguirmos descrever e apontar o que a Persona precisa realizar. Na dimensão funcional, como o próprio nome sugere, trataremos dos "trabalhos" ou atividades necessárias que a Persona faz ao longo da jornada para conseguir utilizar os produtos e serviços envolvidos para o alcance do resultado desejado — o *desired outcome*.

Muitos autores e praticantes costumam chamar as atividades funcionais envolvidas nesta dimensão de "atividades de consumo". Esse é um dos motivos de certas práticas tratarem as jornadas dos clientes como jornadas de consumo.

No método CCBXD, trataremos de maneira distinta e complementar essas percepções. Afinal, são intimamente conectadas e complementares para a nossa atuação profissional no desenvolvimento de soluções e projetos de experiências dos clientes.

Para resumir o tema das três dimensões, podemos considerar:

1- Dimensão Emocional

A dimensão das coisas que são importantes para o lado emocional dos clientes — é valor intrínseco;

2- Dimensão Social

A dimensão de como os clientes querem ser percebidos na sociedade — é valor extrínseco;

3- Dimensão Funcional

A dimensão das coisas que os clientes fazem para alcançar os resultados desejados — é valor de trabalho a ser feito.

Cada dimensão ajuda a alcançar novas ideias para as mudanças necessárias em produtos, processos, serviços e negócios.

Para realizarmos esta etapa do método CCBXD, utilizaremos as próximas informações como fonte de orientação e detalhes sobre as Personas para as quais tentaremos desenvolver soluções.

Primeiro, vamos criar fichas de Personas conforme as novas informações recebidas. Leia os dois trechos descritivos das nossas Personas, Pedro e sua mãe.

* * * *

As Angústias de Pedro

Preocupado com a recente mudança na vida de sua mãe, e já passados alguns meses desde o falecimento de seu pai, Pedro decidiu buscar uma solução que trouxesse tranquilidade para ele e mais segurança para sua mãe.

Ao pesquisar na internet, Pedro conheceu um seguro de saúde que parece atender boa parte de suas necessidades.
É um seguro que possui boa cobertura de hospitais e médicos na região onde sua mãe reside. Como de costume, escolher o melhor plano/modalidade não foi algo simples, afinal, são tantas as informações apresentadas que acabam por confundir.
Pedro acredita que escolheu bem, mas não tem 100% de certeza. Provavelmente, saberá apenas quando precisar utilizar os serviços.
No que se refere ao pagamento das mensalidades, optou por débito em conta. Nada de muito diferente do que já está acostumado e é prático. Infelizmente, não encontrou qualquer alternativa que evitasse ou ajudasse na hora de pagar as coparticipações de uso.

Apesar de quase tudo parecer contemplado na apólice, Pedro ainda sente que poderia ter um produto/serviço melhor e que fosse mais interessante nos momentos de maior necessidade de sua mãe.

Pedro gostaria de ter mais ajuda por parte da empresa e, assim, sentir-se mais seguro ao deixar sua mãe viver sozinha em casa, mas sem ficar desprotegida.

* * * *

As Angústias de Maria

Dona Maria perdeu seu marido recentemente. Apesar de ela sentir-se razoavelmente saudável, a situação, naturalmente, trouxe certa insegurança ao pensar em continuar a viver em sua casa. Afinal de contas, no caso de uma emergência médica, quem poderá ajudá-la? O atendimento de emergência será suficiente, chegará em tempo hábil, e muitas outras dúvidas povoam sua mente.

Mesmo com toda a insegurança sobre sua nova vida, Maria não quer se tornar um problema ou um peso a mais na vida do filho, Pedro. Além disso, deseja manter a independência que teve ao longo de sua vida produtiva adulta.

Em sua última ida ao consultório médico, Maria notou que as coisas não estão como antes. Atualmente, conseguir uma data livre na agenda de consultas está cada vez mais difícil. Além disso, é preciso ficar ao telefone a pesquisar e perguntar quando existe disponibilidade na agenda de um determinado especialista. Isso não é uma tarefa divertida e, muito menos, rápida. Maria sente-se bastante frustrada ao tentar agendar seus exames e consultas de rotina.

Porém, nada se compara ao último susto que passou. Dias após o falecimento de seu marido, Maria percebeu um desconforto em seu corpo e sentiu que poderia estar relacionado ao aumento repentino de sua pressão arterial. O rosto enrubesceu, sentiu dores na cabeça e o coração acelerou demasiadamente. Era uma emergência.

Maria partiu em busca de seus óculos. Olhou nos quartos, na cozinha, no banheiro, na sala e, num ato de desespero, colocou as mãos sobre a cabeça, e os encontrou. Colocou-os e começou a discar para o número de emergência, mas o nervosismo da situação a atrapalhava e, por isso, errou os números algumas vezes até conseguir.

Tempos depois, após ser atendida e medicada, Maria pensou e sussurrou: "Nunca me senti tão vulnerável e impotente."

* * * *

Percebeu como tentei descrever as angústias de Pedro e sua mãe de maneira mais humana e menos "empresarial"?

Não tratei das Personas como um conjunto de números isolados ou frios dados demográficos. Essa é uma boa forma de descrever a situação das Personas. Mais adiante no método também veremos abordagens complementares, tais como se colocar no lugar da Persona e descrever as situações utilizando a primeira pessoa do singular na narrativa. Ainda sobre as angústias relatadas, apesar de terem sido relatadas numa narrativa mais humanizada, mesmo assim, são capazes de mostrar para as lideranças e tomadores de decisão nas empresas o potencial de mercado que essas histórias tão comuns apresentam. Afinal, quem não conhece alguém com uma história parecida? Eu conheço algumas dezenas. Ou seja, a descrição da história dessas Personas não apenas é mais humanizada, mas também evidencia uma considerável fatia de mercado para o negócio da empresa. E isso é importante.

Não confunda a descrição de uma Persona com a descrição de "um" indivíduo. Uma Persona é, também, um conjunto de características que representam um público-alvo com relevância para o negócio. Se a Persona representa apenas uma pessoa, então não é Persona, é pessoa mesmo.

Voltando ao entendimento dos trabalhos envolvidos, trarei a tabela que representa uma descrição pela perspectiva da Persona Pedro. Se você quiser, como reforço do exercício, faça a perspectiva de Dona Maria.

* * * * *

Uma observação importante e capturada durante projetos e oficinas práticas conduzindo o método.

É muito comum, ao preencher a tabela de trabalhos envolvidos que produziremos nesta etapa, entender mais sobre as Personas e, com isso, sentir vontade de voltar para a ficha de Personas e fazer uma atualização. Isso é normal e deve acontecer algumas vezes até termos um certo conforto mínimo sobre a definição das Personas.

Essa sensação é consequência das novas conexões que criamos ao nos aprofundar cada vez mais no universo dos nossos clientes.

Sendo assim, pode considerar esse movimento de retorno ao passo anterior, a etapa 1 - Entender Cliente, como algo natural e até desejável antes de entrarmos de cabeça na etapa em que tentaremos criar novas soluções.

Um último aviso sobre o movimento de querer revisitar a ficha de Personas e atualizá-la: cuidado para não desenvolver uma paralisia por análise. Isso acontece em análise de processos também. Cuidado com o impulso de, por medo de errar, querer "saber tudo" com mais certeza. Isso não existe.

Siga em frente. O método já prevê outros pontos de refinamento mais adiante.

Ficha para Entender Trabalhos da Persona Pedro

Method CCBXD by Gart Capote

Ficha Entender Trabalhos

Pedro

Persona			Avaliação do Cenário Atual	
Dimensão Funcional	Dimensão Emocional	Dimensão Social	Dificuldades Percebidas	Elementos Avaliados
Contratar um seguro de saúde para a mãe	Reduzir a sensação de que não fez o suficiente	Ser percebido como um filho cuidadoso	Encontrar um seguro saúde adequado para a mãe	Tempo, Experiência e Custo
Ler e avaliar cada opção			Entender os termos e especificidades	Tempo e Experiência
Assinar e enviar o contrato			Precisar imprimir, assinar e enviar	Tempo e Experiência
Explicar para a mãe como funciona o seguro			Conseguir explicar	Tempo
Acompanhar a utilização periódica dos serviços	Saber que a mãe está bem		Imprimir relatório de utilização	Tempo
Acompanhar o pagamento das mensalidades	Garantir a continuidade do serviço		Lembrar de verificar	Tempo e Experiência
Verificar as coparticipações realizadas	Não ter surpresas desagradáveis		Lembrar de verificar	Tempo e Experiência

Ficha da Persona Pedro

CCBXD Persona: **Pedro**

Objetivo: Quer um serviço de saúde que suporte as necessidades de sua mãe e com facilidades para ele acompanhar sem surpresas.

Saber

Demográfico

Idade: **34**

Estado Civil: **Solteiro**

Profissão: **Arquiteto**

Família: **Sem filhos**

Localização: **São Paulo**

Renda: **15.000**

Personalidade

Introvertido — Extrovertido

Analítico — Criativo

Conservador — Liberal

Motivações

Facilidade ★★★★☆

Utilidade ★★★★☆

Significância ★★☆☆☆

Medo ★★★★☆

Canais

Tradicional	Mídia Social	Referências	Inbound	Mail Mkt	SMS	Telefone

Metas

☐ Segurança

☐ Facilidade

☐ Preço justo

☐ Acesso fácil

História

Pedro trabalha 6 dias da semana a deslocar-se pelas regiões da cidade. Por viver longe de sua mãe, Pedro preocupa-se com a crescente probabilidade dela vivenciar situações emergenciais. Sua dificuldade em estar presente para ajudar e a possibilidade de não conseguir reagir em tempo tornaram-se grandes preocupações.

Frustrações

☐ Complexidade

☐ Tempo envolvido

☐ Incertezas

☐ Alto Custo

☐ Pouca proatividade

A JORNADA DO CLIENTE

Para finalizar esta etapa de entender e detalhar os trabalhos das Personas, vamos complementar o entendimento da nossa atividade prática e analisar as duas colunas complementares às dimensões "Dificuldades Percebidas" e "Elementos Avaliados".

Dificuldades Percebidas

Pela perspectiva da Persona, quais são as dificuldades do cliente que nós conseguimos perceber após um melhor entendimento de sua realidade para o cenário descrito?

Essa é, basicamente, a grande pergunta que tentamos responder ao percorrer a coluna.

Observe as três dimensões e procure encontrar as "ações" ou "trabalhos" indesejados, mas necessários, para que o cliente consiga alcançar os resultados desejados no cenário atual que ele vive/conhece.

Obviamente, conforme avançarmos com o detalhamento da dimensão funcional, mais evidentes ficarão e em maior número encontraremos as "dificuldades percebidas" pelos clientes.

Não preencha esta coluna com muita pressa. Por se tratar de uma avaliação sobre o cenário atual do cliente, ou seja, o que ele tem ou conhece em seu dia a dia, esta pode ser uma importante fonte de inspiração para as soluções mais adiante.

Elementos Avaliados

Como você deve ter percebido no preenchimento da tabela, tivemos a ocorrência de três simples elementos durante a avaliação do cenário atual.

- **Tempo:** avaliamos se a dificuldade percebida é consumidora de tempo do cliente.
- **Experiência:** avaliamos se a dificuldade percebida é desagradável para o cliente.
- **Custo:** avaliamos se a dificuldade percebida envolve o gasto além do desejado pelo cliente.

Página 171

www.GartCapote.com

A combinação desses três elementos é algo bastante comum e deve ser evidenciada, afinal, uma dificuldade que consome tempo, é desagradável e faz o cliente gastar mais do que deveria/poderia, certamente, é uma dificuldade com grande potencial de percepção de valor para o cliente (isso se fizermos um bom trabalho para resolver essas questões).

Finalizamos agora esta etapa e podemos iniciar a próxima, que é dedicada a "Descrever Objetivos". Essa etapa será bem mais curta e objetiva que as anteriores, afinal, já passamos por dois níveis de entendimento e refinamento de informações relacionadas aos nossos clientes. Em um projeto real, após a análise dos dados coletados sobre os clientes da base da organização, ou por outras pesquisas e avaliações para entendimento de um determinado nicho ou público-alvo, estamos agora na fronteira que nos permitirá iniciar os trabalhos de cocriação de novas e mais poderosas soluções.

Um breve aviso sobre a próxima etapa. Após muitas horas dedicadas à condução do método CCBXD em empresas, mesmo antes de ele ter esse nome, concluí que muitos profissionais tendem a embutir a próxima etapa como a conclusão desta que finalizamos agora. Novamente, não tem problema. É possível e muito razoável. Apenas mantive a terceira etapa separada para auxiliar a compreensão mais segmentada de todas as partes envolvidas no alcance do nosso objetivo maior. Depois, quando você já estiver mais experiente no método, pode fazer a sua adaptação também. Por hora, veremos essa "microetapa" que, praticamente, tem o nobre e importante objetivo de criar um acordo formal e comum entre os participantes sobre quais são os objetivos da Persona. Parece simples, mas muito se perde ao não combinar e formalizar o objetivo que estamos ajudando nosso cliente a alcançar. Veremos como fazê-lo no próximo passo. Vamos em frente.

Etapa 3
Descrever Objetivos

E seguimos juntos com o entendimento mais prático do método CCBXD. Fico feliz com o seu compromisso em chegar até o fim do livro e praticar.

Sei que essa abordagem de ensinar a prática não é muito comum em livros de negócios. Normalmente, as ideias do livro são apresentadas e o leitor é quem precisa desenvolver a sua própria prática. Como já disse antes, sou um apaixonado praticante e escrevo para ajudar outras pessoas interessadas em aprender. Meu desejo com os livros é sempre ajudar a desenvolver novos apaixonados-praticantes. Acredito no poder da multiplicação de conhecimento e na congruência de práticas com propósitos alinhados. Sendo assim, sigamos com a dinâmica do método e vamos ajudar as Personas apresentadas.

Até agora, entendemos novas informações sobre os nossos atuais e/ou desejados clientes. Traduzimos essas informações em características demográficas e, também, em poderosas informações mais humanizadas. Criamos e chamamos os clientes de Personas e alcançamos um pouco mais de compaixão e empatia sobre os seus desafios.

Após a criação das Personas, entendemos três dimensões essenciais que influenciam a tomada de decisão dos clientes. Não são os únicos elementos que influenciam, veremos outros adiante, mas já começamos nosso entendimento dos clientes sem menosprezar o essencial. Ao avaliar as dimensões, verificamos também o poder de entender e detalhar as dificuldades percebidas e mais três elementos que são corriqueiramente avaliados pelos clientes — tempo, experiência e custo.

Agora, chegou o momento de complementarmos todo esse entendimento inicial sobre a Persona e produzir uma informação muito importante: o acordo sobre os objetivos da Persona.

Toda essa informação pode e deve ser utilizada ao longo do método como uma referência constante sobre a tendência do nosso projeto em alcançar o que realmente importa com os produtos, serviços e soluções da empresa: o sucesso do cliente.

Como esta etapa é praticamente um complemento ao trabalho anterior, vamos direto ao ponto.
Primeiramente, o que é um objetivo para o nosso método?

Sim, dependendo do tema, da disciplina e da prática, "objetivo" pode ter diferenças semânticas que fazem diferença para o entendimento e a utilização.
Se avaliarmos objetivos definidos em organizações tradicionais e menos conectadas ao universo de BPM, OKR e CX, encontraremos nos objetivos o equivalente a elementos quantificáveis e que podem ser aferidos por algum tipo de fórmula matemática.

Se avaliarmos os objetivos de organizações com uma postura mais atualizada ao universo da experiência do cliente e novas formas de gestão organizacional, encontraremos objetivos como sucintas traduções de "desejos" realizáveis e que nos conectam por acreditarmos no propósito humano desses objetivos. A abordagem de OKR — *Objectives and Key Results* (objetivos e resultados-chave), é muito interessante e poderosa nesse sentido. Exploraremos alguns de seus elementos nas próximas páginas.

Para o nosso método, e como veremos com um pouco mais de detalhes adiante, também buscaremos tratar de objetivos pela perspectiva humana e mais conectada a propósitos e algum tipo de bem intrínseco importante para os clientes. Porém, nem sempre conseguiremos.
Quando estamos diante de um produto ou serviço muito comoditizado, sem qualquer associação de experiências positivas

e complementares, nesses casos, fica mais difícil encontrar no objetivo algum propósito. Porém, veremos como tentar extrair algum propósito até em ações do tipo "pagar mais barato" no litro da gasolina. Com algum esforço e criatividade, quase sempre é possível.

Todo esse esforço tem um motivo. Queremos manter a conexão emocional com tudo que é feito pelo cliente e evidenciar para a empresa como nós ajudamos e atrapalhamos os clientes ao longo dessa longa e importante jornada emocional.

Se deixarmos essa abordagem de lado, ficará fácil perder o alinhamento inicial e voltaremos a acreditar na antiga e ultrapassada percepção de que um produto mais barato era tudo o que o nosso cliente queria. Isso é apenas parte da verdade, parte do objetivo. Precisamos conhecer o todo e alinhar as partes. Antes de avaliar e definir o objetivo que figurará na definição final da Persona — voltaremos a avaliar a ficha de Persona — vamos entender um pouco sobre a essência de OKR - *Objectives and Key Results*. Lembrando que, para você aprender OKR com alguma profundidade, deve procurar em outros livros e cursos complementares.

No método CCBXD utilizamos os conceitos e princípios de OKR, mas já adaptados para a nossa intenção principal e dentro das etapas definidas. Fica a dica de aprendizado complementar.

OKR - Objectives and Key Results
Objetivos e resultados-chave, resumidamente, trata de propor um modelo de gestão de objetivos e resultados necessários para alcançar os objetivos. Um dos grandes ganhos em usar OKR é começar a perceber que os antigos objetivos organizacionais, provavelmente, seriam considerados indicadores de desempenho (no máximo). Não vamos abordar aqui no livro toda a história sobre OKR, quem o criou, divulgou as empresas que utilizam e muito mais. Para não deixar dúvida sobre a importância de OKR

nas empresas mais modernas, esse método é utilizado pelas gigantes do Vale do Silício e muitas outras empresas ousadas e humanizadas. Toda essa rica e interessante história está ampla e detalhadamente disponível em milhares de *websites* por aí. Por motivos óbvios, não a repetirei por aqui. Basta você dar uma googlada que vai encontrar muito conteúdo.

Para nos ajudar na missão de usar os conceitos e princípios de OKR em nossa terceira etapa do método, veja a figura a seguir.

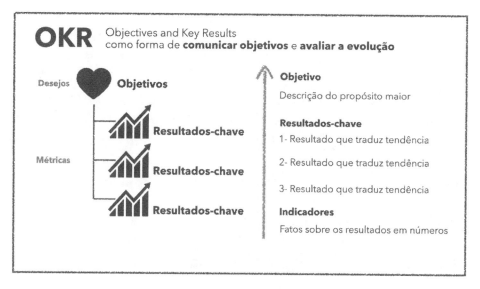

Resumo de OKR para o objetivo do método

Objetivos

Trata exatamente do que se pretende alcançar e é capaz de explicar, para outra pessoa, um motivo tão humano e importante que será capaz de engajar/conectar o outro ser a ponto de convencê-lo a participar ativamente do desafio de ajudar a alcançar tal objetivo.

Como a breve descrição expõe, não é tão simples quanto parece criar declarações tão poderosas a todo o momento, porém, com alguma prática, desenvolveremos a habilidade necessária.

Resultados-Chave

Aumentar o volume de vendas em 25% não é um bom objetivo segundo OKR. Na verdade, esse aumento percentual está muito mais para o nível de indicador de desempenho. Ou seja, está conectado ao universo funcional interno.

Resultados-chave devem ser atraentes e, ao mesmo tempo, conseguir traduzir a tendência de que estamos no caminho certo — o caminho dos objetivos.

Como tudo que é algo-chave, o conceito de ser "chave" refere-se ao fato de que este elemento-chave é algo tão importante para o alcance dos objetivos que, em detrimento de outras ações, focaremos nessas por, supostamente, terem mais chance de nos levar aos resultados desejados.

Indicadores

Indicadores são elementos que, após aplicadas as métricas definidas para a avaliação, conseguem comprovar matematicamente algo importante para eficiência, eficácia ou efetividade dos processos e estratégias empresariais. Podem ser estratégicos, de qualidade, de produtividade ou de capacidade. A grande "sacada" do OKR é estabelecer a ligação humana dos objetivos com as pessoas e, desta forma, conseguir definir um caminho comum de resultados-chave para alcançar o objetivo.

Os indicadores abastecem os resultados-chave e os resultados-chave traduzem a tendência de alcançar objetivos.

Toda a lógica de OKR auxilia as organizações a revisitar metas periódicas que não têm significância ou qualquer relevância intrínseca para os colaboradores. São sempre números frios que teremos que alcançar para o sucesso de algo chamado empresa que, na verdade, nem existe.

OKR entende e reconhece que pessoas se conectam e são mais ativas quando partilham de propósitos e outros componentes humanos. Na verdade, OKR é mais uma grande e poderosa evidência de que ninguém se envolve com declarações de Missão, Visão e Metas.

Nós, humanos, gostamos de pessoas e queremos perceber como nos ajudamos e como as empresas podem auxiliar nessa jornada de sobrevivência do ser humano na Terra. Ok, posso ter romantizado um pouco, mas é bem por aí. Só adicionamos muita ilusão corporativa ao longo das centenas de anos nos quais as empresas tornaram-se a principal razão de viver para muitas pessoas. Felizmente, tudo muda o tempo todo.

Voltando ao ponto, OKR é uma ótima ferramenta para você se habilitar e utilizar.

No nosso exercício, e já considerando os princípios de OKR, como ficaria a declaração de objetivo que preenchemos na ficha de Persona?

Confira o zoom da ficha original da Persona Pedro.

Objetivo: Quer um serviço de saúde que suporte as necessidades de sua mãe e com facilidades para ele acompanhar sem surpresas.

Será que devemos estruturar de outra forma essa definição? Segundo OKR, poderíamos redefinir esta frase e descrever o objetivo de Pedro da seguinte forma:

"Pedro quer sentir que sua mãe está segura e saber de qualquer evento que envolva o seu estado de saúde."

Ficou bastante parecida com a definição inicial, mas, em um cenário pior, poderíamos ter alterado objetivos como:

"Pedro quer contratar rapidamente um seguro baratinho e que não dê trabalho para ele".

Pode até fazer sentido em alguns casos, mas não será desse caso que trataremos no momento. Vamos ficar com a nova definição de objetivos da Persona Pedro. E você lembra por quê?

Sim, por que lemos sobre as angústias de Pedro. Em nosso exemplo, essas angústias descritas nos servem como o equivalente a termos entrevistado, coletado informações ou, até mesmo, termos vivenciado a experiência retratada. Fomos e estamos empaticamente mais conectados à realidade de Pedro. No mínimo, devemos ter desenvolvido alguma compaixão para com a situação em que ele e sua mãe se encontram.

Esse é um dos poderes das etapas de entender clientes e entender trabalhos.

Sendo assim, atualizamos a definição de objetivos de Pedro e vamos continuar na evolução do método.

Nosso próximo passo não é tão rápido e objetivo quanto este que acabamos de realizar. Porém, em praticamente todas as sessões que eu já tive o prazer de conduzir, a etapa seguinte é uma das mais divertidas. Normalmente, as pessoas se envolvem com muito interesse e vontade, mas preciso fazer um importante alerta desde já:

Para que o próximo passo seja bem sucedido, precisaremos tomar alguns cuidados de ordem prática e cultural.

Assim como na fase de melhoria de processos, também é muito comum na próxima etapa encontrarmos pessoas super animadas para realizar o exercício de criação, mas, ao começar, os bloqueios e inseguranças aparecem e precisamos agir o mais rápido possível. Além de importantíssimos princípios de desenvolvimento de melhores experiências, soluções e produtos para os nossos clientes, também apresentarei nas próximas páginas algumas abordagens práticas que são muito interessantes e podem ajudar o leitor a evitar cair em algumas armadilhas conhecidas e que já me deixaram algumas cicatrizes.

Atravessamos a fronteira do entendimento inicial sobre clientes. Agora vamos seguir em frente e entrar nos domínios da divertida, poderosa e tão aguardada etapa de "Desenvolver Soluções".

Etapa 4
Desenvolver Soluções

Após conhecer um pouco melhor as Personas apresentadas, e entender as angústias de Pedro e de Maria, avaliamos as dimensões envolvidas e os trabalhos necessários para as Personas alcançarem seus objetivos. Agora, vamos entender como podemos desenvolver novas e melhores soluções alinhadas aos desejos, necessidades e obrigações com o foco do segmento escolhido e representado empaticamente nas Personas.

Antes de avançarmos para a abordagem prática, e mergulharmos no desenvolvimento de soluções, preciso deixar um importante aviso/dica sobre alternativas de uso das etapas anteriores.

Conforme disse, ao utilizar o método CCBXD, provavelmente, você também perceberá a clara proximidade na realização prática dos três primeiros movimentos propostos no método - Entender Cliente - Entender Trabalho - Descrever Objetivos.

Ao estruturar o método, além de precisar reduzir e resumir intencionalmente muitos conceitos, princípios e práticas em uma abordagem útil e sucinta, enfrentei outro grande desafio: como "seccionar" ações maiores em etapas distintas.

Nas três primeiras etapas essa necessidade ficou muito evidente.

Sendo assim, quando você utilizar o método CCBXD, fique à vontade para unir as etapas um, dois e três e criar uma única e mais "abrangente".

Fiz questão de deixá-las separadas e dar a devida ênfase na importância de cada elemento envolvido em sua realização. Foi a forma que encontrei para garantir que passos importantes não sejam subestimados. Ou seja, com um pouco mais de experiência, você pode unir as três primeiras etapas e ter uma versão do método com apenas seis no total.

Porém, muito cuidado para não fundir demasiadamente os elementos e, durante a prática, reduzir o poder do entendimento de clientes com o uso de segmentação por Personas e a conexão de *Jobs to be done* para maior clareza.

Agora que chegamos na etapa dedicada a promover o máximo possível de ideias para o desenvolvimento de soluções, antes de colocar a mão na massa, como boa prática, confira se você já tem as repostas do seguinte checklist:

1. Quem é a Persona de cliente que vamos considerar?
2. Que trabalhos a Persona precisa realizar?
3. Quais são os resultados desejados pela Persona?
4. Como a Persona percebe o valor?

Essas perguntas já devem ter suas respostas alcançadas após a realização das etapas um, dois e três.

5. Existem outros segmentos de clientes com resultados não alcançados?
6. Quais são os resultados não alcançados em cada segmento?
7. Que segmentos com resultados não alcançados devemos focar para crescer?

De maneira complementar e para expandir as possibilidades nas abordagens, mas sem perder o foco nas Personas, podemos utilizar as perguntas cinco, seis e sete para estimular os trabalhos no processo de desenvolvimento de soluções.

8. Que novos produtos/serviços podemos/devemos criar?
9. Como definiremos a nossa oferta de valor?
10. Nossas soluções estão alinhadas com as Personas?

Finalmente, responderemos as perguntas oito, nove e dez ao realizar os próximos passos dedicados para o desenvolvimento de soluções — o objetivo desta etapa.
Fique firme e vamos em frente. Começaremos a nossa jornada de criação na próxima página.

10 Princípios Fundamentais

Como podemos desenvolver soluções mais alinhadas ao foco do cliente e, por isso, mais poderosas em suas ofertas de valor?

Responderemos essa e outras perguntas ao longo desta etapa. Para conseguirmos alcançar esse feito que não é simples, antes veremos alguns princípios fundamentais que parecem estar contidos em muitos dos melhores produtos e serviços disponíveis no mercado mundial.

Essa breve e não definitiva lista de princípios, compilada, estruturada e publicada na seminal obra de Matt Watkinson — *The Ten Principles Behind Great Customer Experiences* — Os Dez Princípios por trás das Grandes Experiências do Cliente.

Quando eu ainda presidia a ABPMP Brasil realizamos dois grandes eventos sobre o assunto, um em Brasília e outra sessão em São Paulo. Naquela ocasião tive o prazer de conhecer e conversar com o autor pessoalmente. Já havia lido o livro em 2014 e assistido a sua eloquente apresentação sobre os dez princípios e fiquei positivamente impressionado. Deixo registrada aqui a minha opinião de que o livro, além de muito bem escrito, também é um poderoso guia sobre as coisas que realmente importam para os clientes quando pensam e avaliam produtos e serviços. Obviamente, a lista com os dez princípios pode ser adicionada de alguns outros, mas é suficiente para o método e podemos considerar esse pequeno resumo como uma boa forma de começar e avançar. Não irei repetir o que está escrito no livro, mas vou explicar com as minhas palavras o que cada princípio significa e como podemos utilizá-los para desenvolver melhores soluções. O leitor mais experiente no tema vai perceber que muitos dos princípios apresentados já foram escritos e ensinados em outras obras e por outros autores. Um dos grandes ganhos do livro de Watkinson é a tradução para uma linguagem mais humana e a compilação prática dos elementos.

1- A Identidade do Cliente

Um bom produto/serviço deve refletir a identidade do cliente.

Como os outros princípios apresentados nesta obra, estes não são itens obrigatórios, mas fazem parte do conjunto de valores que pretendem estabelecer uma "verdade" mínima fundamental para o avanço na prática e na disciplina. É possível não conhecer ou seguir um princípio, mas ele existe e ajuda muito mais quando é entendido e considerado nas nossas práticas.

Portanto, o princípio de que um bom produto ou serviço precisa refletir a identidade do cliente é um poderoso conceito que só conseguimos utilizar se fizermos o exercício constante dedicado ao entendimento dos clientes — as Personas. Quanto maior a abstração do segmento, ou seja, menor o refinamento, mais distantes estaremos do entendimento sobre os nossos clientes e suas Personas. Aproximar um produto/serviço do valor percebido pelo cliente é, também, um esforço de reconhecimento das inúmeras identidades e seus valores. Apesar das variadas ramificações criadas e defendidas por economistas, *designers* e gestores, mas sem dogmatismo, vamos considerar quatro grandes grupos de valores que podemos utilizar para desenvolver e avaliar produtos e serviços:

Valor Funcional (utilidade)

Talvez o valor mais objetivo que podemos utilizar e perceber. Trata especificamente da utilidade que um determinado produto/serviço possui.

Por exemplo, quando avaliamos a ergonomia de uma cadeira, a qualidade de escrita de uma caneta, a autonomia de um veículo e muitas outras características de um produto ou serviço, estamos tratando de valores funcionais.

Sendo assim, percebemos que é um valor muito mais objetivo e bem menos emocional.

Valor Simbólico (social)

Em espectro mais distante do Valor Funcional, temos o Valor Simbólico, muito mais conectado ao sentimento humano de pertencimento a um determinado grupo social, político, ou filosófico e todos os costumes e tradições que podem ser diretamente associados. No Valor Simbólico reconhecemos que o consumo reflete a intenção humana de reivindicar e participar de uma posição no sistema de relações sociais reconhecidos.

Por exemplo, marcas de roupa que investem na imagem de sustentabilidade e respeitam as relações trabalhistas, possuem consumidores mais conectados aos produtos do que marcas que apenas produzem roupas para consumo e com menor preço.

Uma aliança de casamento também é um bom exemplo do valor simbólico, pois não possui utilidade funcional, pode ser de ouro, ou até mesmo de arame, mas o importante está na simbologia social que o objeto possui.

Conectar e expandir, verdadeiramente, marca/produto/serviço aos símbolos sociais que os clientes valorizam, é uma forma muito poderosa de criar e manter melhores oportunidades.

Valor de Significância (*status*)

De maneira complementar ao Valor Simbólico, encontramos o Valor de Significância. O próprio nome já denota que o elemento valorizado nesse momento é a percepção social que o produto/serviço associa ao seu utilizador.

Indo direto ao ponto, um super carro de luxo é um dos melhores exemplos. É um meio de transporte pouco prático, ineficiente em sua concepção, extremamente restritivo nos custos de aquisição, manutenção e segurança, porém, tem ávidos clientes apaixonados pelas marcas. Nada contra, são apenas valores diferentes.

Utilizei o exemplo do carro de luxo por ser algo bem evidente, mas temos esse tipo de proposta em quase tudo. Pense nos refrigeradores de luxo, nas TVs gigantes, nas canetas, nos chocolates, nas bolsas femininas que custam mais que um carro popular. São muitos os produtos que, além de terem qualidade, ressignificam os seus proprietários, simplesmente, pelo *status* superior emocional que a sua posse os atribui.

Valor Econômico (negociação)
Para encerrar essa pequena e poderosa lista de valores, vamos entender o Valor Econômico, elemento fundamental em nossa concepção diária do sistema de trabalho e relações empresariais. Sem entrar na seara sócioeconômica sobre capitalismo, para o nosso trabalho, podemos considerar o valor econômico percebido com o poder de barganha ou negociação que um determinado produto/serviço possui.

Ao observarmos os produtos citados nos exemplos anteriores, veremos que todos possuem diferentes valores de negociação. Se você já comprou um carro e depois o vendeu, sabe do que estou falando. No momento da compra, o bem é apresentado com uma oportunidade imperdível, porém, quando queremos vendê-lo, nosso poder de negociação é altamente comprometido pela argumentação do lojista/vendedor de carros e somos levados a aceitar uma depreciação quase abusiva do valor econômico do produto — por vezes em perdas que rondam os 20% a 30% do valor original de compra. Ou seja, o carro tem muito mais valor quando compramos do que ao vendê-lo — literalmente.

Sendo assim, um produto/serviço poderoso também se preocupa com a percepção do cliente sobre o poder de negociação dele quando/se necessário.

Portanto, ao considerarmos o princípio de que um bom produto/serviço deve refletir a identidade do cliente, não podemos esquecer de adicionar nessa complexa equação, que começa a se formar, quais os valores mais preponderantes para o desenvolvimento e a oferta das soluções que teremos mais adiante. O método nos ajuda, mas quem disse que seria simples? Se fosse assim, estaríamos rodeados de produtos e serviços maravilhosos e que sempre nos fazem sentir plenos.

2- Satisfaz o objetivo maior

Um bom produto/serviço deve satisfazer o objetivo maior do cliente. É um objetivo que nem sempre percebemos de imediato ao observar um produto ou serviço.

Quando pensamos em adquirir um produto ou utilizar um serviço, sempre temos em nossa mente um objetivo maior — ou mais importante. Como vimos na etapa de Entender Trabalhos, é preciso algum esforço organizacional para alcançar com clareza esse tipo de informação e, igualmente importante, nem sempre os clientes serão capazes de responder com objetividade esse tipo de questão.

Vamos pensar em uma viagem de avião.

Na mesma viagem, dentre as centenas de passageiros, podemos ter dezenas ou centenas de objetivos maiores.

Um casal em lua de mel, que são passageiros nesse voo imaginário que vamos analisar, possui objetivos e expectativas muito diferentes para a viagem. Para eles, é possível que a experiência de voo tenha um papel importante nas recordações futuras e na percepção de felicidade do momento.

Sentados próximos do casal em lua de mel, temos uma pessoa indo para outra cidade para trabalhar, um parente que vai ao velório de uma familiar distante, uma criança indo passar as férias na casa dos avós e muitos outros universos particulares.

O produto, transporte aéreo, é o mesmo. Porém, os diferentes objetivos das Personas criam, inequivocamente, uma grande variedade de experiências e expectativas sobre os serviços que a empresa aérea realiza.

Produtos e serviços mais alinhados com a experiência do cliente precisam seguir esse princípio. Caso não consigam, ficará evidente que os produtos e serviços só respeitaram e seguiram o foco da empresa.

3- Nada para mudar

Um bom produto/serviço deve reconhecer que pequenos detalhes importam e fazem toda a diferença para os clientes.

Quantas vezes ouvimos histórias e depoimentos fascinantes de pessoas relatando como foi a experiência vivida durante um período nos parques da Disney?

Sei que a Disney é um exemplo fora da curva, mas é algo capaz de traduzir quase imediatamente o significado deste princípio.

Se queremos desenvolver produtos e serviços com o foco do cliente e mais próximos das Personas, precisamos lembrar das histórias positivas sobre a Disney, e verificar se as nossas interações com os clientes estão próximas dessa "perfeição" ou superação ao longo de cada ponto de contato na jornada.

São as interações do cliente com a marca/produto/serviço, os chamados "Momentos da Verdade", que traduzem na mente e no coração do nosso cliente se o que fazemos tem mais ou menos valor que os nossos concorrentes. Simples assim.

Se não tivermos constância na entrega de experiências positivas em cada momento da verdade ao longo da jornada, os clientes ficarão frustrados e procurarão por alternativas.

4- Estabelece e alcança expectativas

Um bom produto/serviço deve ser capaz de estabelecer as expectativas para os clientes e alcançá-las em cada interação.

Como já vimos nos vetores importantes para o foco do cliente, a gestão de expectativas é uma preocupação fundamental para organizações que pretendem entrar/continuar na era da experiência do cliente.

Existe um jargão que está se tornando bastante comum entre os profissionais de Customer Experience e que traduz muito bem este princípio:

"Se não conseguiremos garantir a entrega da experiência prometida, não devemos oferecer."

Pior do que entregar experiências medíocres para os clientes é prometer experiências memoráveis e não as entregar.

Quando isso acontece, o cliente estabelece uma expectativa alta com a promessa da empresa e, depois, fica extremamente decepcionado com o resultado "comum".

Infelizmente, é muito comum vermos uma avaliação maravilhosa sobre algo e, ao experimentarmos, termos a sensação de que fomos enganados.

5- Não exige esforço

Um bom produto/serviço deve entregar o valor prometido com o mínimo de trabalho para os clientes.

Se estiver perto de uma TV, pegue o controle remoto. Se não estiver próximo neste momento, peço que se lembre de um controle remoto tradicional.

Quantos botões existem? Você utiliza todos eles?

Sabemos a resposta. É muito provável que você utilize os botões de ligar/desligar, aumentar/diminuir o volume, e para os que ainda assistem TV a cabo/aberta, utilizam também os botões de subir/descer o número dos canais disponíveis.

Hoje em dia, muitos fabricantes já adaptaram os controles remotos e adicionaram um grande botão chamado "Netflix" e um cursor para navegação esquerda, direita, acima e abaixo.

Ou seja, o controle remoto comum neste exemplo possui funcionalidades inúteis e, mais ainda, provoca uma confusão visual desnecessária. Para as pessoas com idades mais avançadas, a dificuldade de uso desses controles não se deve pelo envelhecimento mental, é mais pela dificuldade de identificar o que é preciso em meio a toda aquela poluição de interface.

Existe uma breve piada no meio do design de interfaces que se aplica muito bem ao princípio de não exigir esforço:

"Interface é igual a uma piada. Se tiver que explicar, não é boa."

Vamos olhar o outro lado da moeda. Pense agora na interface do Google para fazermos as buscas sobre qualquer coisa do universo. Sim, nada. Nem mesmo o campo buscar é necessário. Apenas por começar a digitar na barra de endereços do navegador o Google, já é capaz de funcionar e nos entregar as repostas, completando a digitação para nos ajudar, e tudo com o mínimo esforço do utilizador.

Em contrapartida, se observarmos as interfaces dos sistemas empresariais internos, tudo é extremamente complexo, com inúmeros campos, opções, botões, validações, avançar, salvar, voltar, editar... e mais um milhão de outras funcionalidades projetadas por especialistas. Aliás, melhor dizendo, não são interfaces com um milhão de funcionalidades, são interfaces com um milhão de estímulos ao erro — oportunidades de falha.

Está cada vez mais comum a propaganda de soluções da chamada *Robotic Process Automation* — RPA.

Podemos dizer que, na verdade, a robotização de tarefas de processos é um sistema paliativo temporário para tratar a ineficiência humana enquanto utiliza sistemas com interfaces mal projetadas, repetitivas, que provocam erros, gargalos produtivos, estresse e muitos outros males organizacionais modernos.

Além de processos ruins, repetitivos e defeituosos, sem valor adicionado ao resultado, as soluções de RPA existem, também, para nos afastar de tarefas que não respeitam ou entendem o princípio de não exigir esforço.

Será que as empresas cometem esse mesmo tipo de erro ao interagir com os clientes, ou isso é um erro exclusivo, cometido apenas com funcionários, parceiros e colaboradores?

6- Encanta os sentidos
Um bom produto/serviço deve cuidar da experiência sensorial mais completa.

Ainda na primeira metade deste livro, vimos como as interações com os clientes são momentos da verdade, responsáveis por construir em nossa mente os registros emocionais associados às experiências decorridas. Portanto, sempre que possível, devemos pensar na experiência sensorial mais completa e abrangente quando projetamos melhores produtos/serviços para as Personas. Um exemplo muito conhecido e que retrata essa preocupação sensorial é o caso da rede Starbucks. Resumidamente, o que era apenas uma loja que vendia cafés e algum tipo de lanche rápido, mudou a proposta e desenvolveu uma experiência mais completa. O cliente da Starbucks é tratado pelo nome ao fazer o pedido, tem um ambiente acolhedor e confortável para degustar os mais variados tipos de bebidas com café, ouve música ambiente, as lojas têm um aroma característico e comum a quase todas as unidades, mesinhas de café, poltronas de couro e muito mais. Ou seja, quem entra em uma loja Starbucks não está em busca apenas de café, quer uma experiência.

Você lembra das dimensões de avaliação dos trabalhos que vimos na etapa 2, que é dedicada a entender os trabalhos?

Sim, a antiga loja de café revolucionou a sua proposta de valor quando, entre outras várias mudanças, considerou que a percepção de valor dos clientes, além de elementos funcionais, também envolve questões emocionais e sociais.

Porém, não se engane acreditando que esse princípio só é possível de ser aplicado em serviços. Sim, em serviços é mais comum entender e aplicar, mas também temos casos muito bons na vivência com produtos físicos e digitais.

Faça um trabalho de casa e procure em sua vida produtos que conseguem encantar os sentidos. Produtos agradáveis ao toque, com uma bela apresentação, cheiro, temperatura, peso adequado, o som que eles fazem, gosto, quais as lembranças associadas. É um conjunto muito rico de informações que podemos associar ao produto e torná-lo mais agradável no nível sensorial. Novamente, não é tão óbvio e simples, se fosse, viveríamos imersos em maravilhosas experiências sensoriais.

Para finalizar, vou deixar aqui algumas pistas para a sua busca de produtos que encantam sentidos. Confira alguns livros, filmes, músicas, comidas, bebidas e muitos outros do nosso dia a dia que possuem essa relação mais sensorial.

Quando mencionei no início do livro a importância de meditar e dedicar mais tempo intencionalmente ao presente, também estava pensando no impacto sensorial que a meditação proporciona aos seus praticantes.

Quando foi a última vez que você viveu o presente plenamente?

7- Engaja socialmente

Um bom produto/serviço deve conectar os clientes em um nível social.

Como bem sabemos, o ser humano é um ser social. Enquanto finalizo a escrita desta obra, em plena pandemia causada pelo COVID-19, essa certeza nunca foi tão firme. Além dos problemas de saúde pública e na economia mundial, um dos grandes desafios da humanidade nesse período é viver em isolamento/ distanciamento social. Infelizmente, agora utilizamos termos tão estranhos quanto distanciamento social, isolamento, confinamento, desconfinamento, quarentena e muitos outros que não gostaríamos de conhecer ou utilizar.

Desde as civilizações mais antigas, estamos acostumados e apreciamos o convívio com outras pessoas. A alegria de viver também é a alegria de conviver. Ainda não há tecnologia que substitua a proximidade física. Quando as pessoas repetem os bordões midiáticos do tipo "novo normal", sinto profunda irritação e me questiono se as pessoas já pararam para pensar sobre tamanho absurdo que essa frase representa. Não existe novo normal, apenas o real. Assim que tivermos as condições de segurança necessárias, pode apostar, voltaremos aos cinemas, aos estádios de futebol, bares, festas, salas de aula presenciais, almoço no intervalo do trabalho e tudo mais que estamos com saudades de fazer. Nosso corpo levará alguns milhares de anos para produzir uma equivalência biológica para tornar a vida isolada socialmente ser percebida pelo nosso cérebro como algo "normal". Entendo esse dito novo normal como uma adaptação necessária e temporária. Nada além disso.

Trabalho 80% do meu tempo em "*home office*" desde 2005. Estou super adaptado. Porém, continuo gostando de encontrar colegas, visitar lugares, lojas, shows, bares e tudo mais que envolve outros seres humanos.

A contingência de uma pandemia não deveria ser confundida com um movimento transformador de comportamentos, que são intimamente conectados aos valores pessoais e sociais — muito mais complexos e lentos.

O princípio de engajar socialmente é muito importante e precisa ser utilizado em nossas abordagens ao pensar em desenvolver soluções. É sempre importante e necessário considerar cortesia, honestidade, paciência, simpatia, compaixão e empatia como ingredientes essenciais de uma receita de sucesso para todos os serviços/produtos que servem os seres humanos que partilham este pequeno e frágil planeta.

#novonormaloescambau — essa é a hashtag que tenho utilizado recentemente como um ato de rebeldia solitária e silenciosa, mas que afaga este meu combalido coraçãozinho. Se você não aguenta mais ouvir esse exagero, sinta-se à vontade para utilizar a hashtag também.

8- Coloca o cliente no controle

Um bom produto/serviço deve dar autonomia e controle para o cliente decidir.

Você já fez uma refeição em um restaurante no qual você pega o prato, segue uma linha de servir, coloca em seu prato os alimentos que lhe interessam e na quantidade desejada, e segue até a mesa para satisfazer a sua vontade?

Existe uma grande chance que sim e, nesse caso, você já experimentou um ótimo e corriqueiro exemplo de deixar o cliente no controle da situação. Esse tipo de restaurante, ao contrário do modelo mais tradicional, elimina as complicações e o intermediário (o garçom). Não precisamos aguardar que alguém leve o cardápio até a mesa, que nos diga se tem ou não algum item do menu, que anote o pedido, traga a refeição, que volte à mesa para encerrarmos a conta, traga a conta, a máquina para pagamento e, finalmente, podemos sair do restaurante e seguir com a vida.

Não estou dizendo que o modelo " self-service" ou autosserviço é o melhor, apenas que, dependendo do momento, ele pode ser mais interessante do que os mais tradicionais e demorados.

Esse princípio é tão importante e impactante que as empresas que conseguem aplicá-lo já têm provocado grandes ajustes nos modelos mais comuns de relação de serviço com os seus clientes. Os táxis eram chamados por telefone ou diretamente nas ruas. O Uber surgiu, disponibilizou mais facilidade, controle e liberdade aos utilizadores e conquistou uma enorme fatia do mercado. Como o produto/serviço do Uber continua sendo "transporte de pessoas por carro", rapidamente seu modelo de negócio foi alcançado e quase todos os taxistas de hoje em dia também recebem chamados por aplicativos de telefone celular, aceitam cartão de crédito, conseguem agendar corridas, passam por avaliação de utilizadores e vários outros "diferenciais" competitivos iniciais do Uber.

Quando o Uber surgiu, além de praticidade e controle, prometia aos clientes uma diferenciação de valor que chegava ao nível de significância e *status*. Eram carros melhores, mais novos, motoristas vestidos adequadamente, ofereciam água, balinhas e perguntavam sobre música preferida ao longo do trajeto.

Era uma mudança na proposta de valor. Porém, não deu continuidade, mudou a proposta de valor inicial e começou a disputar no pior setor da economia — o setor no qual a doçura do menor preço é seguido pelo amargor da baixa qualidade.

Se pensarmos bem, quando o Uber surgiu, a baixa qualidade percebida e a experiência ruim no serviço eram dois dos grandes direcionadores da insatisfação dos clientes de táxis.

Estaria o Uber caminhando para a mesma entropia dos taxistas de alguns anos atrás?

Personalização, controle, mais liberdade e facilidade de escolha, todos esses itens fazem parte desse importante princípio. Porém, uma solução que não consegue combinar muitos princípios na entrega de valor tende a perder força gradualmente assim que os concorrentes conseguem alcançar ou ultrapassar os diferenciais competitivos iniciais. Não é um jogo que se joga escolhendo apenas um princípio. É preciso utilizar o poder da combinação e coerência.

9- Considera as emoções

Um bom produto/serviço deve considerar as emoções dos clientes ao longo das interações.

Acredito que este princípio já esteja bem entendido pelo leitor, afinal, falamos dele desde o início deste livro.

Apenas para complementar, ao adotarmos esse princípio, reconhecemos que as emoções, positivas e negativas, fazem parte das preocupações que todas as organizações precisam ter quando projetam, entregam e avaliam as interações com os clientes. Ansiedade, amor, ódio, desejo, curiosidade, raiva, satisfação, insatisfação, desprezo e uma série de outras emoções humanas fazem parte de um complexo e poderoso código emocional. Na economia do comportamento, boa parte das diferenciações que são feitas, servem para mostrar que a economia tradicional e pragmática despreza algo muito importante: o fato de que o ser humano é um ser emocional que utiliza o raciocínio lógico, muitas vezes, apenas para justificar decisões mais emocionais que precisam aparentar mais pragmatismo. Considerar o código emocional humano é reconhecer modernos princípios da economia do comportamento.

10- Respeita Personas

Um bom produto/serviço deve respeitar e tratar as diferenças de valor que as Personas representam.

Tratamos com alguma profundidade o tema Personas na etapa um — entender clientes. Porém, sempre é bom reforçar alguns pontos e ampliar o nosso repertório.

Vimos que o entendimento mais aprofundado de características demográficas, etnográficas e psicográficas faz com que criemos um pouco mais de compaixão e empatia na conexão emocional com o nosso público-alvo mais refinado — as Personas.

Conforme avançamos no uso do refinamento até o nível de Personas, adicionamos na tomada de decisão organizacional uma crescente compreensão sobre o mercado e como podemos, por exemplo, adaptar as entregas e relações dos clientes com os produtos e serviços da organização de maneira coletiva, mas deixando uma sensação de que a personalização é individual.

Desenvolveremos uma habilidade organizacional conhecida no mercado há muitos anos como "Personalização em Massa".

Para exemplificar e percebermos o poder dessa habilidade/prática, vamos ver alguns casos já corriqueiros.

Quando você acessa o seu perfil na Netflix, o algoritmo da empresa apresenta para você uma versão "personalizada" do seu acervo de filmes e séries.

A Amazon e vários outros *marketplaces*, também são adeptos e fazem ótimo uso do princípio de respeitar Personas para personalização em massa.

Antes da Netflix, Amazon e outras empresas mais modernas e digitais, os fabricantes de carros, por exemplo, já utilizavam a habilidade de personalizar veículos em um nível quase individual, mas que, ao mesmo tempo, para a linha de produção da empresa, pouco era alterado. Talvez você já tenha visto ou até vivenciado essa experiência.

Na hora de comprar o veículo, você é capaz de escolher os mais variados tipos de acessórios e personalizar o produto — tornando-o quase exclusivo durante a compra e na sua percepção emocional.

Alguns anos depois, após utilizar o carro pelas ruas e estradas, você percebe que, na verdade, existem milhares de outras unidades praticamente iguais a sua.

Esse é um princípio "moderno" do século XX e que contrapõe a famosa frase atribuída a Henry Ford ao falar sobre a linha de produção e oferta do revolucionário Modelo T:

"Pode ser de qualquer cor, desde que seja preto."

Essa suposta frase de Ford, na verdade, retratava o pensamento da época e um enaltecimento de Ford à produção empurrada da primeira linha de montagem de automóveis que se tem conhecimento. Os tempos são outros e muito diferentes. Uma frase dessas, nos dias atuais, se utilizada para a oferta da maioria dos produtos com alto valor de aquisição, não faria qualquer sentido e causaria espanto. Ainda em relação ao conceito maior de personalização em massa, e que está intimamente ligado ao princípio de respeitar a diferenciação por Personas, sugiro a leitura dos livros de Don Peppers e Martha Rogers sobre o conhecido "Marketing 1 para 1" ou *Marketing one to one*. Por volta de 2009, tive o privilégio de trabalhar em alguns projetos para a consultoria no Brasil desta incrível dupla e, antes de começar os projetos, fui apresentado ao conteúdo e treinado no Método IDIP — Identificar, Diferenciar, Interagir e Personalizar. O conceito e o método geram combinações poderosas e que poderiam/deveriam ser de conhecimento comum para os profissionais que desejam atuar na área. São muitos livros publicados por eles. Basta uma rápida Googlada e encontrarás. Fica a dica.

Após entendermos os conceitos fundamentais e os dez princípios anteriores, já podemos dar mais um passo em direção ao desenvolvimento de novas soluções para as diferentes Personas, considerando suas necessidades, desejos e obrigações nas diferentes dimensões de percepção de valor que tratamos ao entender os trabalhos. Agora, acrescentaremos mais alguns elementos nessa poderosa receita inicial.

A Etimologia do Produto/Serviço

Sempre que conduzo oficinas do método CCBXD, procuro adicionar elementos de *Design Thinking* (DT) para enriquecer o conjunto de ações e considerações que os participantes precisam atentar para realizar o trabalho colaborativo com o foco em desenvolver novas soluções. Se você não está muito familiarizado com DT, adicione ao seu plano de aprendizado a necessidade de conhecer com mais profundidade os conceitos e abordagens desta disciplina/filosofia/método. Será uma atividade de grande valia e auxiliará muito a sua prática profissional.

O propósito do método CCBXD não é ensinar Design Thinking, mas sempre que necessário/possível, veremos algumas técnicas e conceitos que são úteis para o nosso trabalho.
Quando buscamos entender a etimologia do produto/serviço, de maneira objetiva, queremos dizer que estamos em busca do melhor entendimento sobre os motivos pelos quais os nossos clientes utilizam os produtos/serviços ao longo do tempo, considerando o passado, o presente e o futuro.

Ou seja:
- Por quais motivos as Personas **utilizavam** o produto/serviço?
- Por quais motivos as Personas **utilizam** o produto/serviço?
- Por quais motivos as Personas **utilizarão** o produto/serviço?

Essa breve análise pode levar a novas e poderosas percepções sobre os trabalhos (os *Jobs to be done*) que motivam as Personas. Lembre-se, nesta etapa de Desenvolver Soluções, temos mais uma oportunidade de refinar o entendimento sobre os clientes e seus desafios. A etimologia dos produtos/serviços é mais um aporte de informação e reconhecimento. Além disso, a realização deste trabalho é bem simples e pode funcionar como mais uma atividade lúdica de conexão de conhecimentos entre os participantes.

Uma observação interessante para partilhar com o leitor sobre a prática dessa atividade: em quase 100% das vezes, os envolvidos na realização desta atividade, ao término da sessão, confessam ter alcançado um nível muito mais profundo sobre o motivo por trás de muitas das coisas que os clientes pedem, querem, reclamam e exigem da empresa. Não subestime essa atividade. Ela é muito poderosa se bem conduzida.

Em relação à pratica, podemos fazer essa atividade com o uso de uma simples planilha com três colunas e alguns post-its, ou com o auxílio de sistemas mais robustos. Não há demérito em tentar ser o mais lúdico possível neste momento, afinal, queremos a colaboração de todos para alcançar uma nova compreensão. Tudo que ajudar os participantes a interagirem com mais liberdade e simplicidade é sempre muito positivo.

Veja este exemplo comum para configuração de tabela de Etimologia de Produto/Serviço:

Passado	Presente	Futuro
*Como e por qual motivo **utilizavam** o produto/serviço?*	*Como e por qual motivo **utilizam** o produto/serviço?*	*Como e por qual motivo **utilizarão** o produto/serviço?*

Não se engane com a simplicidade da tabela anterior. Seu verdadeiro poder está na sinergia do processo de preenchimento.

Ecossistema do Produto/Serviço

Enquanto a etimologia avalia a motivação das Personas com base na evolução de uma linha de tempo que evidencia o passado, o presente e o futuro do uso dos produtos/serviços, o ecossistema (também chamado de ecologia) do produto/serviço pretende alcançar uma visão mais abrangente com 360° da dependência da experiência de uso do produto/serviço.

Pode funcionar como um bom exercício de aquecimento anterior ao trabalho mais aprofundado para o desenvolvimento e a criação das jornadas dos clientes.

Ao realizar o levantamento do ecossistema de produto/serviço, podemos destacar: por que, quem, como, quando, onde e o que usa do produto/serviço. Existem muitas formas de "materializar" essas informações.

Novamente, nesse tipo de sessão, é interessante manter o clima o mais lúdico possível e utilizar as ferramentas que forem mais amigáveis ao grupo envolvido. Podemos utilizar tabelas em planilhas eletrônicas, post-its na parede e até sistemas mais especializados. O importante é a clareza de pensamento que esse processo mais colaborativo provoca na mente ao trabalhar para alcançar as respostas.

Não vamos avançar muito mais nessa abordagem específica, pois os passos necessários para construirmos as jornadas serão bastante ricos de informação e colaboração e podem gerar uma redundância de trabalho ou sobreposição de resultados.

Mencionei o ecossistema de produto/serviço apenas para o leitor perceber as similaridades que existem em projetos diferentes, tal como em Design Thinking, e que são complementares.

Por isso, temos a importância da concepção de equipes mais heterogêneas para atuar com experiência do cliente. A riqueza de informação está muito conectada ao *mix* de participantes com conhecimentos, responsabilidades e habilidades diferentes.

Abstrato e Concreto

Quando avançamos para o momento de ter novas ideias e criar soluções, normalmente, muitos profissionais sentem um grande desconforto.

Com o intuito de explicar o quão comum é esse desconforto e, assim, ajudar o profissional a ultrapassar esse incômodo antes que se torne uma barreira criativa, vamos agora entender um pouco mais sobre essa flutuação emocional prevista.

Em poucas palavras, posso dizer da seguinte forma:

Durante o trabalho de desenvolvimento de soluções com base no conhecimento das Personas, conforme nos distanciamos dos dados e informações mais concretas e nos aproximamos das atividades que exigem uma reflexão sobre temas e situações mais abstratas, nesse ponto, os profissionais mais experientes e pragmáticos, normalmente, sentem um grande desconforto ao ter que pensar e falar sobre elementos muito "subjetivos".

Sim, esse é um fenômeno extremamente comum e previsto de acontecer em praticamente todas as primeiras sessões.

Pense no seguinte: teremos participantes das mais variadas áreas de conhecimento e, boa parte deles têm mais experiências e conhecimentos em áreas que predominam exatidão, rigor e pragmatismo, algo comum das formações tradicionais nas chamadas "ciências exatas" e bastante apreciado pelas empresas que os contratam. Assim sendo, podemos entender que esses profissionais são contratados e remunerados, principalmente, pela crescente precisão e certeza que eles adicionam aos trabalhos e resultados organizacionais.

Porém, quando os envolvemos nas atividades mais relacionadas com criação de soluções criativas sobre um mundo abstrato, incerto e volátil, não podemos esperar que esses profissionais tenham um desempenho imediatamente excelente e livre das amarras que o pensamento concreto diário os impõe.

Entenda que a percepção sobre o desconforto entre o concreto e o abstrato, de maneira alguma, é uma crítica ao conhecimento e as habilidades desenvolvidas por esses profissionais. Apenas precisamos reconhecer essa realidade para poder orientar as sessões de criação de soluções com mais compaixão e empatia para os participantes.

Temos muitos casos de sessões em eventos dessa natureza, nos quais os participantes mais "exatos" são deixados de lado pelos outros participantes mais "criativos" e isso provoca, além de desconforto, grande perda de oportunidades incríveis para a combinação de mundos e perspectivas diferentes.

É uma das responsabilidades do facilitador das sessões auxiliar na composição dos grupos e conduzir o evento sabendo, inclusive, identificar quando essas tendências ruins se manifestam.

Após muitos erros e acertos em centenas de horas de condução dessas atividades, posso garantir: todos têm condições de colaborar. Porém, o nível de envolvimento dos participantes está diretamente relacionado ao conforto que ele sente para pensar diferente dos outros participantes (1) e apresentar as suas ideias sem medo de ser criticado ou ridicularizado pelos outros (2). Por vezes, basta apenas um olhar atravessado do "chefe" para acabar com o envolvimento de uma pessoa numa sessão.

Novamente, o facilitador da sessão é o responsável pelo seu resultado. Ele precisa ter as habilidades necessárias e a coragem de intervir quando identifica comportamentos que comprometem o sucesso da prática.

Como você pode imaginar, um evento dessa natureza pode começar tanto com uma atmosfera leve e positiva quanto mais bloqueado e com um ambiente mais tenso.

Além dos conhecimentos e habilidades pragmáticas e técnicas (*hard skills)*, a leitura do ambiente e seus participantes também é uma habilidade (*soft skill)* que precisa ser desenvolvida no facilitador da sessão. Fica a dica.

Uma experiência memorável

Para finalizar os pré-requisitos mínimos para desenvolver soluções, e entrarmos na prática desta etapa, trago aqui uma importante "barra de valor" para utilizarmos em nossa prática diária. Observe a imagem e veja os elementos que fazem parte deste exemplo de evolução das soluções organizacionais.

Exemplo de Evolução das Soluções Organizacionais

Nas organizações mais tradicionais, e até mesmo em organizações mais novas e pouco alinhadas com a experiência dos seus clientes, é muito mais comum encontrarmos produtos e serviços que entregam funcionalidade, confiança e utilidade.

Ter o produto/serviço percebido como funcional, confiável e útil, é algo ruim? Isso não faz sentido.

Não seria esse um desejo comum para todo empresário, líder, gestor e executivo?

Se considerarmos a questão anterior, sem adicionar a perspectiva do cliente e as percepções de valor mais conectadas aos elementos da era da experiência, poderíamos dizer que um produto/serviço funcional, confiável e útil é algo desejável e uma grande vitória organizacional. Bom, na perspectiva da empresa, certamente será.

Porém, após ler e entender as centenas de páginas que precedem esta, tenho certeza de que você já não concorda 100% com essa única percepção.

Sim, sabemos que ser funcional, confiável e útil é importante, mas não é o melhor que podemos fazer.

Pela perspectiva do cliente, podemos e devemos avançar e ultrapassar essa barra de valor que separa produtos/serviços com o foco empresarial tradicional. É hora de tornar os produtos/serviços mais convenientes, agradáveis, significativos e capazes de entregar experiências memoráveis paras as Personas que a organização se propõe a/precisa atender.

O cliente já "subiu" a própria barra de valor. Precisamos ajudar as empresas a fazerem o mesmo.

Portanto, e para entrarmos no nosso roteiro prático para desenvolvimento de soluções, utilize essa pirâmide de valores dos clientes como uma constante fonte de referência para avaliar se, realmente, nossas soluções estão acima ou abaixo da linha e em quais setores dessa pirâmide.

Um detalhe importante: perceba a proporção de soluções e concorrentes que pode ser esperada em cada nível. Certamente, as soluções mais próximas da base da pirâmide encontraram mais concorrência e uma disputa por redução de preço cada vez mais acirrada. Por outro lado, as soluções mais próximas do topo da pirâmide, além de encontrarem menor concorrência, também podem usufruir dos benefícios da maior percepção de valor por parte dos clientes, distanciando-se da disputa de preços e agindo mais na fidelização e conquista de clientes por valor percebido.

Atraente, Viável e Praticável

Ao realizar o próximo exercício, além de tudo o que já vimos até agora, considere também estes três elementos no seu *checklist*.

Atraente

Equivalente a *"Desirability"* (capacidade de ser desejável).

Alterei a palavra para traduzir melhor a capacidade da solução ser atraente para as Personas. Como já vimos antes, a atração pode ser mais forte por desejo, necessidade ou obrigação. Queremos, precisamos ou devemos. Leve essas três palavras para a configuração da atração do produto/serviço e teremos uma oferta poderosa.

Viável

Equivalente ao *"Viability"* (capacidade de ser viável).

Nesta dimensão de avaliação da solução, já entramos no campo da viabilidade financeira da solução. Por motivos óbvios, não trataremos de cálculos ou modelagem financeira de organizações nesta obra, mas o elemento "viável" serve para lembrar da necessidade de a solução ser financeiramente viável para a organização — além de atraente para o cliente.

Praticável

Equivalente ao *"Feasibility"* (capacidade de ser praticável).

Por fim, mas não menos importante, nesta dimensão tratamos das avaliações das condições técnico-operacionais que as soluções podem exigir da organização para que se tornem viáveis operacionalmente.

Para este ponto do método, basta observar esses elementos ao pensar nas soluções que serão desenvolvidas. O equilíbrio é algo necessário para a viabilização das ideias e transformá-las em soluções entregues aos clientes.

Como perceberemos ao praticar o método para desenvolver novas ideias e soluções, a quantidade e a intensidade das mudanças em cada solução, e em cada dimensão, dependerá da ousadia da proposta.

Lembre-se da pirâmide de evolução das soluções:

Abaixo da linha

Ofertas que habitam os níveis próximos da base da pirâmide, normalmente, são as mais praticáveis operacionalmente, razoavelmente viáveis financeiramente, mas pouco atraentes pela diferenciação de valor das Personas. São produtos/serviços que vivem em um ambiente de extrema competição, estresse de relações e eterna disputa pelo menor preço.

Muitas organizações vivem e continuarão a viver por muito tempo dentro deste cenário. A questão é: por quanto tempo e por quais motivos?

Acima da linha

Quanto mais próximo do topo da pirâmide, mais atraentes para as Personas as ofertas serão. Mas, precisaremos encontrar o delicado equilíbrio restante entre a atração, a viabilidade financeira e a capacidade operacional organizacional para torná-la praticável. Produtos/serviços que habitam esse elevado setor da pirâmide de valor, conseguem mais destaque emocional/relacional com os clientes, porém, podem cobrar um elevado preço da capacidade dos processos. Além disso, é fácil e até previsível imaginar que, para viabilizar tais níveis de ofertas de produtos e serviços, a capacidade financeira das organizações poderá ser bastante exigida.

Se pensarmos bem, muitos produtos/serviços ainda vivem uma realidade mais medíocre na entrega de valor para os clientes, exatamente porque a organização ainda não teve a capacidade financeira necessária para viabilizar a sua evolução.

Finalmente, é chegado o momento de utilizar um modelo bastante prático para orientar o colega profissional na hora de conduzir os trabalhos de desenvolvimento de novas soluções.

A tabela é bastante simples. Vamos observar a sua configuração e explicarei sucintamente o seu preenchimento.

Ficha de Roteiro Essencial para Desenvolver Soluções

Method CCBXD® by Gart Capote — Item para Desenvolvimento	Roteiro para Desenvolver Soluções — Detalhamento Geral	Observações Iniciais
1- Nome do produto mais atraente		
2- Funcionalidades esperadas		
3- Vantagens do produto		
4- Resultados esperados		
5- Overdelivery da oferta		
6- Principal diferencial no mercado		
7- Oferta de fidelização/recorrência		
8- Requisitos necessários		
9- Restrições/normas importantes		
10- Slogan		

www.GartCapote.com

1- Nome do produto mais atraente

Pensar em conjunto e descrever um nome que possui mais apelo para a Persona por conectar-se ao resultado dos trabalhos que precisam ser feitos. Utilize a ficha de Entender Trabalhos como fonte de consulta e inspiração.

2- Funcionalidades esperadas

Quais são as "coisas" que esta solução vai fazer pelo cliente?

O nome do produto pode ser capaz de traduzir uma noção geral sobre o resultado final dos trabalhos que precisam ser feitos. Nesta linha da tabela, descreva o que a solução faz para realizar esses trabalhos.

3- Vantagens do produto

Ao considerar a maneira como a Persona realiza os trabalhos atuais, comparada com as novas possibilidades que oferecemos, quais são as vantagens que podemos elencar e que a Persona perceberá ao utilizar a nova solução?

4- Resultados esperados

Remove todas as manchas!

Esse é um resultado esperado quando compramos sabão para lavar roupas. Esta é a linha da tabela dedicada para explicarmos os resultados da nossa solução de forma igualmente objetiva.

5- *Overdelivery* da oferta

Imagine algo que o cliente não espera receber, mas, ao receber, terá uma grande e positiva surpresa. Não é um brinde. É algo com verdadeira utilidade para o cliente. Um brinde é algo com algum valor simbólico.

Um *overdelivery* é algo tão útil e valioso que a Persona compraria se estivesse à venda. É uma surpresa de alto valor, capaz de gerar comentários e fortes registros emocionais.

6- Principal diferencial no mercado

Voltando ao exemplo do sabão para lavar roupas, teríamos algo como: rende muito mais que os concorrentes. Limpo na primeira lavagem.

Ao analisarmos os concorrentes, o que podemos dizer a mais sobre a nossa solução que os concorrentes ainda não conseguem entregar?

7- Oferta de fidelização/recorrência

Ao aderir ao serviço ou comprar o produto, existiriam vantagens para ele ao optar por uma opção complementar de fidelização?

Será que podemos "servicilizar" um produto e oferecer uma assinatura? Ou seja, podemos tornar um produto em serviço?

8- Requisitos necessários

Até o momento, os itens anteriores tentaram descrever as vantagens, a parte positiva da solução. Agora, precisamos descrever o que a Persona precisará ter para aderir, comprar ou utilizar a nossa solução. Vamos identificar os requisitos técnicos mínimos, infraestrutura, habilidades e o que mais for necessário o cliente já possuir para que possa utilizar nosso produto/serviço. Por exemplo, para alugar um veículo, é necessário que o cliente tenha habilitação na categoria adequada.

9- Restrições/normas importantes

Quais são as coisas que a Persona não pode ter ou fazer ao utilizar nossa solução? Normalmente, essas restrições possuem normas e leis associadas.

Você pode alugar o veículo com a sua habilitação, mas não pode sublocar para outra pessoa.

Quando você assina a Netflix, por exemplo, não deveria compartilhar as suas informações de acesso com outras pessoas que não façam parte do plano que você contratou.

10- *Slogan*

Este é o momento ideal para usar e abusar da criatividade dos participantes. É hora de escrever com o devido apelo emocional/funcional/financeiro as principais características da solução.

A boa compreensão sobre as dimensões de avaliação das Personas terá grande importância nesse momento.

Um bom *slogan* é capaz de traduzir os desejos, necessidades e obrigações da Persona de maneira imediata, mesmo que subjetivamente.

Conforme percebi ao longo das muitas sessões conduzidas nos últimos anos, esse é um dos itens mais difíceis para boa parte dos membros das equipes.

Dentre muitos motivos, a dificuldade de pensar em *slogans* não reside apenas na nossa pouca experiência na atividade, mas vem, também, dos nossos bloqueios relacionados à crença de que isso é coisa de "*marketeiro*" ou "vendedor". Em algum momento da nossa vida fomos levados a acreditar que fazer marketing ou vender é algo inferior e, por vezes, desleal.

Acredito que isso seja apenas um bloqueio infundado e infantil que carregamos para a nossa fase adulta. Assim como seres políticos por natureza, também somos vendedores natos e em quase todos os instantes que importam em nossas vidas.

Vendemos a nossa imagem para o outro que nos interessa, vendemos nossas habilidades para clientes e empregadores, vendemos a ideia de que não somos vendedores para parecermos mais introspectivos e honestos. Vendemos a ideia de viagem de férias para convencer os outros participantes de que é uma boa... e assim seguimos ao longo da vida.

Ser um bom vendedor é uma necessidade humana e pode ser um grande diferencial competitivo para profissionais interessados em atuar com experiência do cliente.

Se você não gosta do tema "vendas", terá grandes problemas nesta área de atuação. Afinal, pense comigo:

É muito difícil entregar soluções se, antes, nem mesmo conseguimos vender as ideias. Tenho plena consciência de que esta habilidade não é muito comum, mas é essencial para o bom desenvolvimento das nossas atividades, tanto em melhoria de processos quanto em desenvolvimento de soluções, jornadas e melhores experiências para os clientes das organizações.

Sei que existe uma curva de aprendizado e adaptação para a maioria dos profissionais e interessados em migrar/pivotar/atuar na área de *Customer Experience*. Sendo assim, permita-me partilhar umas dicas:

• Envolva-se com assuntos que ultrapassam e fogem do seu atual domínio profissional;
• Amplie o seu repertório de interesses;
• Desenvolva novas habilidades;
• Nutra a sua autoconfiança;
• Crie a sua mais nova e melhor versão.

Atuar profissionalmente com CX é, em essência, lidar com medos e expectativas das principais lideranças das organizações. São pessoas com muito poder, conhecimentos e experiências diversas. Você precisará de muita confiança, variadas competências e uma inabalável humildade para continuar em frente sempre disposto a ouvir e aprender.

Na mente do aprendiz existem muitas possibilidades.
Para o especialista, poucas restaram.

Shoshin

Etapa 5
Construir Jornada

Ao entrarmos na etapa 5 - Construir Jornada, veremos na prática como construir uma visão global sobre a "aventura" da Persona ao tentar encontrar, adquirir, utilizar, manter, recomendar, cancelar e todas as outras ações e etapas necessárias ao mais agradável possível ciclo de vida no relacionamento entre organização e cliente.

Muitos profissionais iniciantes gostam de começar por esta etapa, afinal, é mais mão na massa (*hands on*) e traz o nome "jornada do cliente" logo na descrição. Porém, como intencionalmente disse, profissionais iniciantes preferem essa abordagem e, em minha experiência, verifiquei diversas vezes que nem sempre é a melhor forma de começarmos.

Para os milhares de colegas profissionais de BPM, e fazendo um paralelo com o universo da gestão por processos, começar pela jornada é o mesmo que sempre começar pelo modelo de processos com BPMN, mas sem conhecer a notação, a disciplina de BPM, as técnicas e os métodos de análise etc. Você até produz um diagrama, mas se terá utilidade, isso é outra história. Sabemos que a modelagem é apenas uma parte de um ciclo muito maior, com etapas importantes e que precisam ser respeitadas. Caso contrário, produziremos uma infinidade de diagramas de processos que não serão utilizados pelos mais variados motivos. Assim como evitamos essa abordagem em gestão por processos, evitaremos repetir esse equívoco de principiante ao falarmos de iniciativas para CX.

Agora, após a leitura e compreensão de todos os conceitos e princípios importantes apresentados até aqui, vamos aprender a construir uma jornada do cliente com o abastecimento de informações relevantes e essenciais para que, ao término das etapas do método, tenhamos condições reais e maior chance de sucesso para realizar um projeto de implantação das ideias que foram pragmaticamente transformadas em soluções.

A Experiência do Cliente é o Processo

Essa, provavelmente, é a minha frase preferida quando preciso explicar o que é jornada, experiência, foco do cliente e seus conceitos adjacentes. A frase não é de minha autoria, mas a aprendi com um dos grandes nomes desse universo de *Outside-in* e Foco do Cliente, Steve Towers.

Além de ler os seus livros e assistir suas aulas e palestras, tive o prazer de conhecer esse pioneiro do tema e desenvolver alguma proximidade profissional. Steve, além de um conhecido guru do tema, também foi nosso *advisor* convidado para a formação da Business Experience Design International Alliance.

Como é consenso para boa parte das lideranças ligadas ao tema CX, podemos considerar que os processos com o foco interno (de dentro para fora), possuem algumas características limitantes e recorrentes, tais como:

• Foco na capacidade de realizar os trabalhos
• Redução de erros e defeitos
• Melhoria de desempenho operacional
• Controle de custos

Sabemos que manter o foco dos processos alinhado apenas pela perspectiva interna das empresas é manter o isolamento. Mesmo que alcancemos uma visão interfuncional dos processos, ultrapassando os silos funcionais, se não tivermos a perspectiva de fora para dentro (*outside-in*), ainda estaremos "lustrando" as engrenagens sem necessariamente conseguir traduzir essas ações em algum valor que seja importante para os nossos clientes.

Quando consideramos a perspectiva dos clientes, percebemos que os processos começam muito antes do que a organização imagina e, mais ainda, continuam após as previstas e conhecidas interações com a organização.

Para uma organização que utiliza o foco do cliente, ou seja, que considera a perspectiva *outside-in* (de fora para dentro), é preciso entender que a jornada do cliente começa antes mesmo de ele interagir pela primeira vez com a marca, produto ou serviço e continua para além do término das interações tradicionais, chamadas por muitos de "atividades de consumo" e previstas nos processos internos das empresas.

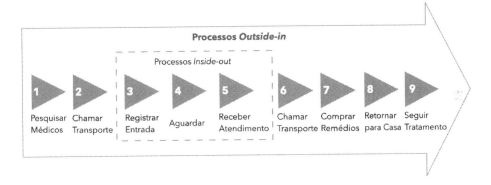

Escopo e amplitude das perspectivas interna e externa dos processos

Considerando as Personas de Pedro e Maria, podemos compor o seguinte cenário de atendimento médico. Pela perspectiva de Maria, o processo começa muito antes de chegar ao consultório e continua ainda muito depois de sair do consultório médico. Para a clínica, e nesse mesmo cenário, Maria só "existe" para os processos internos quando ela consegue chegar e dar entrada na recepção. Pode parecer um pouco exagerado em princípio, mas a intenção é deixar bem evidente a quantidade de ações que os clientes precisam realizar e como elas são desprezadas/subestimadas pelas empresas tradicionais ao longo dos dias. Espero que tenham ficado claras as grandes diferenças que existem no escopo e na amplitude entre as perspectivas de dentro para fora (*inside-out*) e de fora para dentro (*outside-in*).

No exemplo anterior, ao observarmos e compararmos as atividades que a Persona Maria precisa realizar para conseguir alcançar o seu objetivo — manter-se saudável — temos total clareza de que, pela perspectiva do cliente, a clínica não ajuda tanto quanto ela gostaria (atividade de 1 até 9).

Pela ótica da empresa, será que não estamos perdendo oportunidades de melhoria no relacionamento com os nossos clientes ao sermos incapazes de realizar essa ajuda extra, antes, durante e depois das atividades tradicionais (atividades 3, 4 e 5)? Pense na seguinte provocação:

Será que essas novas interações podem ser interessantes para o negócio da empresa?

Pela perspectiva do cliente, muito provavelmente, toda ajuda será muito bem-vinda, mesmo que demande algum tipo de contrapartida financeira por parte do cliente. Afinal, ao entendermos as Personas e antes de chegar a essa conclusão, sabemos que, nesse cenário, queremos mais ajuda do que apenas conseguir um menor preço. Conforme disse logo no início deste trecho do livro:

"A Experiência do Cliente é o Processo."

E complemento:

"A experiência do cliente é o processo mais importante das organizações. Todos os outros precisam estar alinhados e funcionando para que a experiência do cliente seja a melhor possível — sempre."

Veremos na próxima página a tabela que nos ajuda a construir uma percepção inicial sobre a jornada do cliente.

Tabela para preenchimento da Jornada do Cliente

Tabela de Jornada do Cliente

Method CCBXD® by Gart Capote

Persona:

Objetivos da Jornada:

Versão:

	Ação do Cliente	Ação do Cliente	Ação do Cliente	Ação do Cliente	Ação do Cliente	Ação do Cliente
Canal						
Ponto de Contato						
Tipo de Trabalho						
Reação						
Processo Externo						
Processo Interno						
Sistemas de Apoio						
Problemas						
Oportunidades						

Vamos entender cada um dos elementos para o preenchimento da tabela. Começando pelo simples cabeçalho:

Persona

Começamos por preencher o nome da Persona que a jornada vai representar. Se houver mudança de Personas ao longo da jornada, podemos adicionar outra tabela e evidenciar essa interação/troca ao descrever a coluna dedicada para a ação do cliente.

Objetivos da Jornada

Como já descrevemos na ficha de Personas e revisitamos ao entender os trabalhos, podemos resgatar as informações armazenadas na ficha de Personas e descrever uma versão mais sucinta e equivalente ao objetivo específico da jornada.

A ficha de Persona possui objetivos bem mais abrangentes e orientadores. No objetivo da jornada podemos/devemos retratar os objetivos do cenário que tentaremos descrever com detalhes operacionais do cliente e da empresa — a jornada.

Versão

Para ter algum controle de versões das jornadas, é interessante enumerar a tabela com uma sequência que faça sentido para a cultura e a prática de versionamento de projetos da empresa.

Após o preenchimento das informações básicas do cabeçalho, agora entramos nos elementos descritivos da jornada.

A mecânica de preenchimento é bastante simples e segue uma lógica intuitiva:

- Preenchemos coluna por coluna, uma por vez, de cima para baixo e da esquerda para a direita;

- Cada coluna deve conter apenas uma ação do cliente realizada em apenas um ponto de contato por vez;
- Se uma mesma ação do cliente for possível de ser realizada em mais de um ponto de contato, adicionamos uma coluna para este outro ponto de contato.

Importante

Na etapa anterior, Desenvolver Soluções, criamos alternativas interessantes e com soluções para as Personas que temos interesse em atender melhor.

Para efeito de evolução no método, e a partir deste ponto do livro, consideraremos que estamos criando a jornada da Persona Maria quando ela precisa realizar uma consulta médica.

Dependendo do cenário desejado, descrevemos a jornada com as diferentes particularidades que envolvem a solução (produto/serviço) no alcance dos diferentes objetivos da Persona. Assim sendo, tenha sempre em mente: uma jornada é apenas o mapa que contém um cenário de realização e é orientado pelas ações que uma Persona precisa fazer para alcançar os seus objetivos.

Em processos, poderíamos considerar uma jornada como um fluxo de trabalho que evidencia uma determinada instância de execução. No caso de CX, os fluxos diferentes, normalmente, geram jornadas diferentes. Existem jornadas que são mais complexas e possuem caminhos complementares. Porém, como a intenção maior da jornada é validar como entregamos as soluções para as Personas e como são as interações/experiências ao longo do ciclo de vida, é mais aconselhável termos as diferentes jornadas e objetivos em mapas distintos, mas que se complementem e tenham o vínculo descrito.

Para abastecer os próximos exercícios com exemplos simples, sem ficar demasiadamente complexo e prolixo, aceitaremos que a solução desenvolvida para a Persona Maria envolve novas tecnologias para facilitar o atendimento e o monitoramento da saúde.

Ao longo das próximas etapas apresentarei as partes da solução que serão retratadas e detalhadas para orientar o preenchimento dos materiais de apoio do método.

Para começar a usar a tabela da jornada, explicarei cada um dos seus elementos e seguiremos a lógica de preenchimento.

Ação do Cliente

Começaremos por esta primeira célula. Substituiremos o texto "ação do cliente" por um verbo no infinitivo e um objeto.

Deve ser uma frase sucinta, mas capaz de denotar a primeira ação previsível que o cliente realiza para iniciar a sua jornada em busca de alcançar o seu objetivo.

Na solução desenvolvida na etapa anterior, a seguradora criou o plano "*Smart Senior*", que provê serviços de gestão de consultas, exames e monitoramento biométrico com alertas.

A Persona Maria, utilizadora do plano, recebeu um relógio inteligente que é bastante simples e não requer ajustes por parte dela. O equipamento apenas monitora e notifica.

Maria recebeu um aviso em seu relógio informando que no dia seguinte existe uma consulta pré-agendada. Agora, ela precisa informar se comparecerá.

Apenas por questões de segurança, Maria não pode confirmar pelo relógio, ainda é necessário acessar o *website* da seguradora. Sendo assim, Maria precisa realizar uma ação.

Ação do Cliente: **Confirmar Consulta**

Canal

Seguindo a ordem de preenchimento, da ação do cliente para baixo, e uma coluna por vez, o próximo campo que precisamos descrever é "canal".

Para a jornada do cliente, um canal é o equivalente ao meio de comunicação da empresa com o público.

O *website* de uma empresa é um canal. O perfil em uma rede social, por exemplo, também.

O canal pode proporcionar mais interatividade, como nos meios digitais, ou apenas ser mais informativo, como nos tradicionais letreiros de rua. Hoje em dia, até tradicionais letreiros impressos podem promover alguma interação com o cliente, por exemplo, com o uso de QR Codes para gerar uma ação além de apenas informar.

Veremos no próximo campo a diferença entre canal e pontos de contato. Para o preenchimento deste campo, pense, por exemplo, em um canal de televisão. Ele informa, entretém, sensibiliza, anuncia, mas não "interage" diretamente com o cliente e suas ações.

Uma curiosidade: o projeto de desenvolvimento e implantação da TV Digital no mundo tinha como um de seus objetivos gerar mais interatividade dos clientes pelo controle remoto, interagindo com as emissoras e permitindo até mesmo a compra imediata de produtos que fossem exibidos na tela, mas a ideia não foi adiante.

No caso da Persona Maria, a sensibilização que o relógio inteligente promoveu fez com que ela utilizasse outro canal da seguradora para realizar a ação necessária. Ela poderia usar o telefone, mas vamos descrever a ação que utiliza o computador.

Canal: *Website* **da Seguradora**

Ponto de Contato

Se por um lado o cliente não tem muita interatividade com um canal, os pontos de contato podem ser entendidos como a própria interação do cliente em um determinado canal.

Por exemplo, ao acessar o *website* da empresa e clicar no formulário de contato, o canal — está provendo um ponto de contato para o cliente interagir — chamado formulário. Ou seja, um canal pode ter muitos pontos de contato diferentes. Mapear essa relação é um dos principais objetivos de utilizar os campos dedicados aos pontos de contato ao longo da jornada do cliente.
Os pontos de contato também são responsáveis por criar fortes momentos da verdade, pois retratam o momento no qual o cliente interage com as "funcionalidades" prometidas pela empresa/produto/serviço.

Não adianta ter um belo e moderno *website* (canal), se ao solicitarmos uma informação pelo *chat* (ponto de contato) não conseguimos a resposta necessária. Neste caso, o momento da verdade seria negativo, mesmo que tenhamos utilizado no ponto de contato a mais moderna tecnologia disponível.
Para a Persona, o objetivo não foi alcançado e ela não quer saber se a empresa usa *chatbots*, inteligência artificial ou inteligência natural (uma pessoa).

Maria acessou o *website* da seguradora e, ao completar o seu *login*, a página exibiu para ela um *pop-up* (uma pequena tela em destaque) contendo a mensagem sobre a consulta pré-agendada e as opções disponíveis: confirmar ou alterar.
Maria selecionou a opção de confirmar.

Ponto de Contato: ***Pop-up* de Agendamento**

Tipo de Trabalho

Para o método CCBXD escolhi utilizar um conceito interessante e ainda pouco conhecido, mas bastante útil para as jornadas.

O campo de tipo de trabalho pretende evidenciar como a Persona interage no ponto de contato especificado. Vamos considerar três tipos de trabalhos — linear (L), não linear com restrição de tempo (T) e não linear sem restrição de tempo (N). Dependendo do tipo de trabalho da Persona no ponto de contato, podemos alterar a percepção de valor e alterar a experiência.

Linear (L)

Ações obrigatoriamente em sequência, quase um fluxo ou ordem obrigatória de realização das atividades. As atividades lineares, normalmente, possuem alguma restrição de tempo para a conclusão da atividade.

Ex.: Concluir uma compra online com o cartão de crédito.

Não linear com restrição de tempo (T)

Ações que podem ser realizadas sem uma ordem obrigatória, podem ser mais livres, porém, respeitam um limite de tempo.

Ex.: Procurar por uma calça nova em uma loja de Shopping.

Não linear sem restrição de tempo (N)

Ações que podem ser realizadas sem uma ordem obrigatória, podem ser mais livres e não possuem um limite de tempo.

Ex.: Procurar por uma calça nova em lojas na internet.

Qual seria o tipo de trabalho da ação que Maria realiza para confirmar a consulta no *website* da seguradora.

Tipo de Trabalho: **Não linear com restrição de tempo** (T)

Afinal, ela pode receber o alerta, fazer outras coisas e, antes da data da consulta, acessar o *website* para confirmar ou não.

Reação

Ainda pela perspectiva da Persona, chegou o momento da verdade, literalmente. O campo reação serve para evidenciarmos qual a emoção envolvida na realização da ação do cliente naquele ponto de contato. É o registro do conhecido "Momento da Verdade". A pergunta que precisamos fazer para preencher este campo é:

"Ao realizar a ação neste ponto de contato, a experiência do cliente é superior, igual ou inferior à que ele já está acostumado?"

Poderíamos trabalhar com uma grande quantidade de emoções e reações de um verdadeiro código emocional humano, porém, além de pouco factível no início, seria muito complexo e impeditivo. Sendo assim, vamos considerar três reações que podemos sempre tentar identificar e planejar para o projeto das jornadas (PIN). Para isso, respondemos a pergunta anterior e seguimos a simples lógica de:

1- Positiva

A experiência é **superior** ao que a Persona está acostumada.

2- Indiferente

A experiência é **igual** ao que a Persona está acostumada.

3- Negativa

A experiência é **inferior** ao que a Persona está acostumada.

Maria foi avisada pelo seu relógio inteligente, acessou o *website* e confirmou a sua presença na consulta de rotina prédefinida.

Reação: **Positiva**

Processo externo

Ao alcançarmos este campo da jornada, alteramos a nossa perspectiva e avaliamos com o olhar da organização.

O campo processo externo pretende evidenciar se existe outra empresa ou parceiros envolvidos na viabilização direta da ação da persona no determinado ponto de contato.

Por exemplo, se um produto é entregue por uma transportadora no endereço definido pelo cliente, claramente temos outra empresa e processos "externos" — fora da nossa organização. É importante tentar evidenciar a existência de processos externos e parcerias em cada ponto de contato com o qual o cliente interage. Dentre muitas preocupações, todas as vezes que envolvemos outras empresas na realização de um serviço, perdemos um pouco do controle e da nossa capacidade organizacional de garantir uma excelente experiência.

Quantas vezes compramos algo online, de maneira rápida e fácil, porém, na hora da entrega, sofremos com atrasos, atendimento ruim e nos decepcionamos com o serviço prestado?

Isso é algo terrível, pois provoca a quebra da experiência e um decréscimo na escala emocional da relação que queremos manter com os nossos clientes. Porém, sabemos da necessidade que as empresas têm em firmar e manter parcerias estratégicas para viabilizar os diferentes modelos de negócio.

Evidenciar processos externos é buscar mais clareza sobre os possíveis pontos de quebra/falha.

Maria acessou o *website* da seguradora, que é mantido pela equipe de tecnologia da informação da mesma empresa.

Processo Externo: Para esta ação no ponto de contato, não há.

Processo interno

Ainda pela perspectiva da organização, o campo processo interno pretende evidenciar quais os processos internos envolvidos diretamente na viabilização da ação da persona naquele ponto de contato.

Uma observação importante:
Este não é campo para descrevermos tudo que é necessário para que o ponto de contato funcione adequadamente. Na tabela de mudanças trataremos desse tipo de situação ao avaliarmos quais os ajustes necessários para viabilizar as ideias apresentadas ao longo da jornada do cliente.

O campo de processo interno deve receber o nome do processo que suporta a realização da ação do cliente no ponto de contato. Apenas isso. Seu detalhamento, condições, regras, atores etc., nada disso será descrito neste campo, pois pertence ao modelo dos processos. Neste momento, apresentaremos apenas o nome do processo envolvido, se soubermos previamente. Caso não exista a informação, o campo servirá para evidenciar que precisaremos de mais detalhes para o projeto.

Maria acessou o *website* da seguradora, que é mantido pela equipe de tecnologia da informação da mesma empresa. É de conhecimento da equipe que participa do desenvolvimento desta jornada que, para viabilizar a notificação no relógio e o *pop-up* no *website*, existem processos automatizados para gestão de consultas e exames dos segurados.

Processos Internos:
Gerir Consultas
Gerir Exames

Sistemas de apoio

Nas primeiras versões da tabela de jornada do método CCBXD, não havia um campo para sistemas de apoio, pois considerava e tratava a tecnologia existente no próprio ponto de contato.

Porém, conforme mais colaboradores eram envolvidos na utilização do método, percebia um dúvida recorrente dos recém-chegados membros. Quase todos perguntavam:

Em qual campo escreveremos sobre os "sistemas" da empresa que são envolvidos nesse ponto de contato?

Ou seja, se não estava evidente para os participantes, então cabia algum ajuste. Assim sendo, há pouco mais de dois anos comecei a utilizar esse novo e "desambiguador" campo.

A intenção de preencher este espaço é destacar os sistemas organizacionais que podem existir para o suporte e a viabilização da ação do cliente no ponto de contato descrito.

É o campo para destacar os sistemas de apoio que podem estar envolvidos diretamente na disponibilização do serviço no ponto de contato. Ou seja, diferenciamos e relacionamos as tecnologias dos pontos de contato com as tecnologias internas e outros sistemas da organização.

Maria acessou o *website* da seguradora, mantido pela equipe de tecnologia da informação da mesma empresa. Os processos de Gerir Consultas e Exames fazem uso de informações e interagem com o sistema de consultas e exames da seguradora. Sendo assim, o sistema de consultas e exames, além do *website* que Maria acessou, é mais um sistema de apoio necessário para a realização da ação da Persona.

Sistemas de Apoio: Sistema de Consultas e Exames

Neste exemplo, é interessante perceber a colaboração entre o sistema do ponto de contato e o sistema interno.

Problemas e Oportunidades

Por estarem intimamente relacionados, vamos tratar dos últimos dois campos da tabela em um mesmo momento.

Quando adicionei os campos de problema e oportunidade, o principal objetivo era verificar se, apesar de todo o esforço para construir e entregar uma jornada com melhores experiências para os nossos clientes, ainda teríamos algum problema na interação com o ponto de contato?

Se identificarmos um problema, precisaremos tentar eliminá-lo.

Será que, ao identificar o problema, descobrimos alguma oportunidade de reverter a situação e entregar uma experiência melhor?

Ou seja, são campos para serem preenchidos pela perspectiva da Persona da jornada. É importante reforçar isso, pois temos a tendência de querer descrever problemas operacionais internos, financeiros, sistemas defeituosos e falar de oportunidades para o negócio. Esses são elementos importantes, mas não pertencem a esses campos da jornada "do cliente".

Quando for preencher o campo de problemas, percorra este poderoso *checklist* e verifique se encontra os seguintes problemas para a Persona na jornada:

1- Natureza da Experiência

Será que a experiência da Persona é ruim ao realizar a atividade descrita naquele ponto de contato?

2- Tempo Envolvido

A atividade da Persona no ponto de contato envolve muito tempo dela, é algo demorado?

3- Acessibilidade

A solução até é interessante, mas a Persona não tem os meios necessários para realizar as atividades naquele ponto de contato?

4- Complexidade

A solução até é interessante, mas é possível que a Persona não tenha as habilidades necessárias para realizar as atividades naquele ponto de contato?

5- Custo

A solução até é interessante, mas será que o investimento necessário para resolver o problema (*job to be done*) será muito alto e não faz sentido para a Persona?

Normalmente, ao percorrer este pequeno e poderoso *checklist*, se você avaliar com cuidado e sinceridade, terá coberto boa parte dos problemas que impedem as soluções de serem sucesso para as Personas.

Ao responder as perguntas do *checklist*, sempre que encontrar um sim como resposta, pare, envolva a equipe e tente resolver a situação. Nesse caso, é muito provável que a equipe encontre novas oportunidades e soluções ao tentar resolver os problemas identificados.

Um dos grandes benefícios de realizar o preenchimento da tabela de jornadas antes de utilizar o Canvas (último passo do método) é justamente dedicar o foco para entender e descrever o que realmente compõe cada elemento da jornada. Dessa forma, não começamos o trabalho de desenvolver uma jornada do cliente por uma pseudocorrida visual, demasiadamente lúdica e que parece apenas querer preencher os espaços em branco de um Canvas qualquer.

As pessoas se distanciam da realidade com facilidade se deixamos as sessões muito livres e com a sensação de que tudo é possível, basta apenas colar os post-its na parede. Alguns colegas já me solicitaram autorização para incorporar o CJPI Canvas em suas abordagens e aulas. Quase sempre dou a mesma resposta:

O Canvas sozinho não é o objetivo. Ele é a materialização do resultado do processo construtivo existente no método CCBXD.

Não apoio o uso e nem mesmo partilho o Canvas se não houver compromisso de entender os conceitos e princípios de CX e, obviamente, o próprio método. Precisamos manter a coerência entre o discurso e a prática. Portanto, intrépido e resiliente leitor, ao nos aproximarmos do fim da etapa de construir jornada, você já pode ter percebido que:

1- Podemos criar
Ao realizar a etapa de desenvolver soluções, mesmo antes de percorrer a jornada, temos a oportunidade de criar produtos e serviços mais interessantes para as Personas.

2- Podemos adaptar
Podemos descrever e percorrer a jornada atual da Persona e adaptar os produtos e serviços existentes.

3- Podemos caminhar
Se não estivermos com as ideias maduras ou estivermos com dificuldades para a criação, podemos descrever a jornada e ter ideias de novas soluções ao longo do caminho.

A ordem de condução das etapas anteriores pode variar conforme o contexto do projeto e as habilidades das equipes.

As etapas da jornada

Para facilitar o entendimento sobre a jornada do cliente, e complementar as orientações para a construção das melhores experiências possíveis ao longo do caminho, podemos utilizar o conceito de etapas da jornada. Não é obrigatório, mas é uma prática bastante comum entre os profissionais.

Vamos entender alguns elementos que fazem parte das jornadas mais recorrentes.

Como o nome indica, uma etapa da jornada serve para marcar visualmente a evolução do processo do cliente. Sendo assim, dentro das etapas teremos as ações que o cliente precisa realizar para avançar em direção ao seu objetivo.

Uma característica interessante sobre a marcação de etapas ao longo da jornada: identificamos algumas "fases" da jornada pela perspectiva do cliente e outras pela perspectiva da organização.

Esse fato acontece por precisarmos preparar a jornada para ser capaz de entregar o melhor para o cliente (1), mas também por precisarmos que ela seja eficaz para o negócio (2). Assim sendo, é comum encontrarmos entre os praticantes, a presença de etapas mais híbridas, ou seja, preocupadas em identificar o que o cliente faz e, também, orientar o que a organização precisa fazer para facilitar o processo e garantir os resultados para as partes envolvidas.

Etapas mais comuns

Muitos praticantes e autores segmentam a jornada em duas etapas fundamentais: pré-compra e pós-compra (pré-venda e pós-venda, se você preferir).

Dentro dessas etapas, várias subetapas são criadas, tais como:

• Educação do cliente
• Consciência da marca
• Pesquisa por solução
• Avaliação de alternativas

- Justificativa da decisão (*Buy-in*)
- Adesão-Compra
- Adoção-Utilização
- Satisfação
- Retenção
- Expansão
- Advocacia e lealdade
- Evangelização da marca

Existem muitas formas diferentes que podemos utilizar para organizar as etapas da jornada. Porém, algumas etapas são comuns para grande parte dos negócios, desde os mais tradicionais até os mais modernos serviços digitais. A etapa de "compra" da solução, por exemplo, é uma delas.

Em uma linha de tempo simples, genérica, abrangente, objetiva, e, antes de começar a projetar a jornada, podemos considerar que uma Persona percorre as etapas da seguinte forma:

Em algum momento, e por algum motivo/estímulo, o cliente toma consciência do problema, necessidade ou desejo. Assim sendo, começa a pesquisar por soluções, conhece alternativas e descobre possibilidades.

Após um período de avaliação, decide por aderir ou não à oferta de valor que fora apresentada. Caso venha a aderir, aguarda pela entrega da solução, pode apenas passar a ter "direito de uso", ou, simplesmente, já pode utilizar o produto/serviço. Dependendo da solução, terá maior ou menor necessidade de manutenção, mas quase todas as soluções demandam alguma ação do cliente para "manter" sua viabilidade e eficácia.

Dependendo do caso, terá a opção de evoluir de categoria ou adicionar elementos à solução original (*up selling - cross selling*).

Finalmente, após algum período de utilização da solução, pode ser solicitado que participe de alguma avaliação da experiência, da qualidade e de outras dimensões que sejam importantes para a percepção da organização sobre o relacionamento.

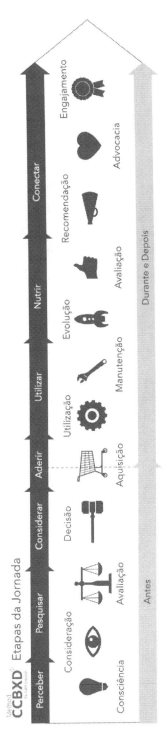

Exemplo de Etapas da Jornada do Cliente

Caso a avaliação seja positiva, é possível que sejam geradas ações entre a organização e o cliente para promover a recomendação da marca e criar algum nível de fidelização e/ou advocacia.

Se tudo estiver indo bem, a organização utilizará técnicas e estratégias para manter o cliente em sua base, com um aumento do engajamento por meio de ações mais interativas e com valor para todas as partes envolvidas.

Essa foi uma narrativa linear, simples, sem tratar das infinitas possibilidades de desfecho entre uma etapa e outra, mas que é de grande ajuda quando precisamos analisar, projetar e viabilizar melhores experiências para os nossos clientes.

Importante:
Muitos conceitos e princípios são herdados de CX e utilizados para o que é chamado de experiência do empregado — *Employee Experience (EE)*. Para esta abordagem, vários ajustes serão necessários, mas sempre consideramos que é muito mais difícil entregar interações humanas positivas quando uma das partes está infeliz.

Se uma organização não consegue deixar os colaboradores satisfeitos e motivados, não espere que eles consigam gerar experiências e sentimentos felizes nos clientes.

Todos nós conhecemos casos de organizações com grande potencial de investimento e encantamento, porém, continuam incapazes de entregar experiências positivas para os clientes e seus colaboradores. São organizações nas quais os colaboradores/empregados possuem como principal objetivo, mesmo que intrínseco e individual, conseguir outro lugar para trabalhar. É frustrante imaginar esse cenário multiplicado e presente em centenas de outras pessoas. Nesse caso, não é provável que o resultado final para o cliente consiga ser traduzido em situações recorrentes de "atendimento superior" e com "experiências memoráveis".

Para finalizar esta apresentação sobre as etapas, é interessante ter em mente uma consideração sobre B2B e B2C.

Muitos acreditam, equivocadamente, que a abordagem de experiência do cliente, jornadas, *customer centricity* e muito do que vimos no livro até agora, só é viável ou realizável para o universo de empresas que interagem diretamente com os "clientes finais".

Além de cliente final ser um termo bastante anacrônico, também é uma evidência do desalinhamento estratégico das lideranças da organização que ainda o utiliza.

O conceito de *Business to Business* — B2B (negócio para negócio) é uma grande abstração utilizada para tratar de tecnologias, contratos e estratégias organizacionais em negociações. No final das contas, todas as organizações trabalham para, acredite se quiser, os clientes finais (os únicos que existem). Pense comigo: máquina não compra de máquina, *software* não contrata *software*, arroz não contrata navio, caminhão não trabalha para estoque e assim por diante. Vamos ver um exemplo cotidiano que ajudará bastante na maior aderência dessa proposta.

Um produtor de arroz vende a sua produção para uma empresa de beneficiamento, que contrata uma empresa de transporte para buscar a produção e levar até a fábrica. Depois de muito trabalho na fábrica, a empresa utiliza o caminhão da transportadora para levar os produtos embalados até os centros de distribuição. Os mercados compram os diferentes tipos de arroz da empresa e vendem em seus supermercados para os clientes finais.

Mesmo sem sermos especialistas em produção, beneficiamento, transporte, armazenagem, distribuição e venda de arroz, percebemos um encadeamento de empresas desde o plantio até o consumo. De maneira geral, chamamos de Cadeia de Valor esse importante relacionamento recorrente entre organizações para viabilizar a transformação evolutiva de insumos em produtos até a entrega de valor final.

Portanto, ao pensarmos em B2B, entendemos que, de verdade, temos sempre uma relação B2C — *Business to Consumer* (negócio para consumidor). A diferença prática — nos processos — está na quantidade de negócios (B) que existe entre o insumo inicial e o valor final para o cliente.

Lembre-se: enquanto a inteligência artificial não dominar o mundo e tornar os seres humanos em simples baterias que mantêm os supercomputadores funcionando, ainda estamos falando de pessoas que tomam decisões, se relacionam, são compassivas, simpáticas e empáticas com outras e, finalmente, decidem manter ou não os relacionamentos.

Espero que você tenha percebido a tênue linha entre B2C e B2B pela perspectiva do cliente. Mais ainda, espero que tenha entendido a referência ao clássico filme "Matrix" (o primeiro é o melhor). Já sabe, se não assistiu, fica a dica de mais um programa para um fim de semana chuvoso e/ou em isolamento social.

Considerações finais sobre a criação de Jornada do Cliente

Usos interessantes para as jornadas

- Projetar inovações e novidades
- Entender as avaliações dos clientes
- Buscar oportunidades de melhorias
- Realizar *Gap analysis* entre o cenário ideal e a realidade atual para gerar ideias para inovação

Alguns motivos para criar jornadas

- Entender como os clientes alcançam os objetivos
- Testar ideias, produtos, ofertas e serviços
- Pode funcionar como um mapa de mudanças por realizar
- Para descobrir os pontos de maior atrito na experiência
- Mapear a jornada é entender que não tratamos apenas de processos, mas de percepção

Lembre-se, não é viável tentar mapear todos os clientes e todas as jornadas. É preciso começar pela seleção dos segmentos e Personas. Alguns pontos da jornada envolvem mais emoção e, por isso, mais riscos para o relacionamento com o cliente.

Mapear a jornada precisa ter sempre o objetivo de chegar mais próximo da realidade do cliente.
Mais do que canais, a jornada precisa cuidar da emoção e do resultado em cada ponto de contato no qual o momento da verdade acontece e os pontos de dor são evidenciados.

Não permita a ausência inicial de dados estruturados atrasar ou impedir o movimento organizacional de entender e mapear as jornadas dos clientes.

Para finalizar o trabalho na tabela de Jornada do Cliente

Como não estamos em um curso ou formação no método CCBXD, realizar textualmente cada uma das colunas necessárias para o preenchimento da tabela de Jornada do Cliente tornaria a leitura cansativa e fugiria ao objetivo de apresentar e orientar o uso do método. Portanto, para o leitor completar o preenchimento da tabela, algo que aconselho veementemente, deixo aqui algumas orientações para o seu trabalho:

1- Volte na etapa de Desenvolver Soluções e, se já não o fez, crie e preencha a tabela com o roteiro sugerido;

2- Depois de ter a solução descrita seguindo o roteiro, volte para a etapa de Construir Jornada;

3- Preencha cada coluna da Jornada do Cliente até alcançar o objetivo descrito no cabeçalho;

4- Como exemplo de cenário da jornada, tente descrever as seguintes ações do cliente após "Confirmar Consulta":

Acessar Teleconsulta (online) -> Adquirir Medicação -> Tomar Remédios -> Avaliar Consulta -> Indicar Smart Senior

Cada ação dessas possui vários desafios técnicos para que sejam experiências agradáveis para a Persona Maria. Exercite a sua criatividade e siga os princípios apresentados.

5- Siga a mesma lógica de preenchimento da primeira coluna que fizemos. De cima para baixo, da esquerda para a direita, uma coluna por vez e cada coluna com apenas um ponto de contato por ação do cliente;

6- Se você quiser representar mais de um ponto de contato para uma ação do cliente na jornada, adicione uma nova coluna na tabela para tratar deste ponto de contato;

7- Não se esqueça das perguntas que precisamos fazer para saber se a reação do cliente será de satisfação, indiferença ou insatisfação. Este é um elemento fundamental da jornada e que nos permite entender a evolução emocional nas interações da Persona com a empresa;

8- Ao chegar a problemas e oportunidades, aproveite a oportunidade para fazer uma avaliação sincera se a experiência entregue para a Persona ainda tem alguns dos problemas que apresentei no *checklist* de Problemas e Oportunidades. Se existir, o seu objetivo é tentar eliminar os problemas para a Persona e criar novas oportunidades.

Espero que você crie a sua primeira jornada do cliente e dê os primeiros passos no uso do método CCBXD. Boa sorte e siga em frente.

Veja o exemplo da tabela de jornada do cliente preenchida com a primeira ação da Persona na Maria na próxima página.

Quando terminar de preencher a jornada, continue a leitura da próxima etapa.

Tabela de jornada com a primeira ação do cliente preenchida

Tabela de Jornada do Cliente

Method **CCBXD**®
by Gart Capote

Persona: Objetivos da Jornada: Versão:

	Confirmar Consulta	Ação do Cliente	Ação do Cliente	Ação do Cliente	Ação do Cliente	Ação do Cliente	Ação do Cliente	Ação do Cliente
Canal	Website da Seguradora							
Ponto de Contato	Pop-up de Agendamento							
Tipo de Trabalho	Não linear com Restrição de Tempo (T)							
Reação	Positiva							
Processo Externo	Não há							
Processo Interno	Gerir Consultas Gerir Exames							
Sistemas de Apoio	Sistema de Consultas e Exames							
Problemas	N/A							
Oportunidades	N/A							

Etapa 6
Detalhar Hipóteses

Ao entrarmos na etapa 6 - Detalhar Hipóteses, veremos como podemos descrever as ideias e suposições que orientaram o desenvolvimento e a aplicação de novas funcionalidades/ capacidades nas soluções desenvolvidas para as Personas.

Com as hipóteses, aplicamos mais um poderoso e útil filtro de valor e capacidade de realização do prometido. Observando as etapas do método até este ponto:

1- Entendemos melhor os segmentos de cliente que interessam para a organização e as suas particularidades;

2- Entendemos quais são os trabalhos que a Persona precisa realizar e como podemos ajudá-la para facilitar o alcance dos seus objetivos;

3- Ao entendermos com mais detalhes e profundidade os objetivos da Persona, somos capazes de melhor definir o que seria entendido como sucesso;

4- Conhecedores das características da Persona, seus objetivos e o que poderia representar o seu sucesso, seguimos princípios de experiência do cliente e desenvolvemos soluções orientadas por um roteiro prático de itens que devemos considerar;

5- Finalmente, desenvolvemos uma jornada do cliente, que é um cenário hipotético sobre uma sequência de ações que o cliente precisa realizar para alcançar determinados objetivos;

6- Agora, na sexta etapa, vamos verificar a qualidade e a capacidade das ideias e soluções apresentadas para cada ação do cliente ao longo da jornada. Este é o grande e principal objetivo desta etapa: refinar a composição das soluções — uma a uma.

Por já estarmos em um estágio mais avançado do método, este e o próximo passo são bem mais curtos e objetivos, mas muito poderosos. Não subestime o poder de validar as hipóteses que sustentam as soluções individualmente. Muitas falhas e condições especiais são alcançadas apenas quando aplicamos esta "lupa" e enxergamos com mais nitidez os componentes da solução. Portanto, para realizarmos a etapa de detalhar as hipóteses, seguiremos uma lógica bem simples e com uma autoexplicativa ordem de preenchimento.

Para começar a preencher cada tabela de hipótese, primeiro, recupere/busque os seguintes documentos e deixe-os à disposição da equipe para consulta:

1- Fichas de Personas;

2- Ficha com roteiro para Desenvolver Soluções;

3- Qualquer outro material complementar da equipe sobre as soluções concebidas (imagens, modelos em *mockups* e outros);

4- Tabela de Jornada do Cliente completamente preenchida.

Com todo esse material disponível, já estamos com os insumos necessários para o próximo passo: detalhar as hipóteses.

Observe a tabela dedicada a detalhar as hipóteses na próxima página e siga em frente. Explicarei cada um de seus elementos logo após a tabela.

Tabela para detalhamento das hipóteses

Method
CCBXD®
by Gart Capote

Tabela de Hipótese

Ação do Cliente	Nome da ação do cliente na Jornada (etapa 5)
Acreditamos que	Descrição da solução oferecida pela empresa
Vai resolver	Descrição do trabalho que precisa ser feito pelo cliente (Perspectiva do Cliente)
Por meio de	Novas/melhoradas habilidades da empresa (Perspectiva interna de processos, pessoas, regras e tecnologias)
Resultando em	Descrição da nova percepção/promessa de valor para o cliente (foco do cliente e deve ter ligação com a solução conforme o roteiro de valor - etapa 4)

Vamos entender o objetivo e a forma de preenchimento de cada elemento da tabela e reforçar a compreensão de sua utilidade prática e influência na tomada de decisão sobre o que vai continuar no projeto, o que ainda precisará de ajustes e, até mesmo, o que precisaremos reprojetar.

Ação do Cliente
Esta linha é dedicada a recuperarmos a ação do cliente na Jornada (etapa 5) e inserirmos neste campo.
Não faça alterações. O nome precisa ser o mesmo que está na jornada do cliente.

Acreditamos que
Na estrutura da hipótese, separamos quatro grandes declarações que podem validar ou refutar a hipótese/suposição por trás de cada ideia de solução.
Nesta linha descreveremos a solução oferecida pela empresa cuja hipótese estamos desenvolvendo para a ação no ponto de contato com o cliente.

Vai resolver
Nesta linha da tabela devemos inserir uma breve descrição do trabalho que precisa ser feito pelo cliente. Quase como uma contextualização sucinta sobre o motivo da ação do cliente, seus desafios e problemas. Ou seja, qual o problema do cliente estamos resolvendo com essa solução neste ponto de contato?

Por meio de
Agora, pela perspectiva da empresa, vamos inserir nesta linha quais as novas/melhoradas habilidades da empresa em termos de processos, pessoas, regras e tecnologias. É a declaração mais pragmática e menos subjetiva da tabela, afinal, aqui tratamos dos componentes reais da solução, não apenas dos resultados.

Resultando em

Como o nome indica, nesta linha devemos descrever quais os resultados esperados para o cliente. Ou seja, vamos descrever a nova percepção do cliente sobre o valor de ter utilizado a solução da empresa para realizar a ação descrita naquele ponto de contato. Em quais elementos ajudamos o cliente naquele momento? Tornamos a vida dele mais fácil, simples, divertida? Alcançamos o resultado que ele desejava, precisava ou era obrigado a alcançar, de forma mais rápida, simples, com menor custo? Ou seja, quais os resultados e as dimensões que importam para o cliente e que podemos evidenciar nessa hipótese.

Atenção

Se estivermos com dificuldade para explicar a linha "resultando em" da tabela, muito cuidado.

Podemos estar diante de um caso no qual o problema está na própria solução, e pode não ser um simples caso de dificuldade para explicar os ganhos projetados e prometidos para a Persona.

Percebo algumas vezes que existe uma tendência de subestimar o trabalho atencioso de detalhar as hipóteses.

Não se engane, esta é uma oportunidade complementar para filtrar, validar ideias e avançar rumo ao detalhamento das mudanças necessárias que precedem um projeto.

Fique atento.

Para continuar a evolução do exemplo da Persona Maria na jornada que desenvolvemos na etapa anterior, na próxima página trago a tabela preenchida considerando a solução para a primeira ação da nossa Persona.

Vamos ver como ficaria a justificativa da hipótese de utilizar o relógio inteligente com notificação e o *website* da seguradora para permitir a confirmação da realização da consulta com o médico ou o adiamento desta.

Tabela com a hipótese da primeira ação de Maria na jornada

Method CCBXD® by Gart Capote	**Tabela de Hipótese**
Ação do Cliente	Confirmar Consulta
Acreditamos que	A utilização de um relógio inteligente para monitorar o segurado e notificar com antecedência a proximidade de consultas e exames de rotina
Vai resolver	O problema de perder tempo ao pesquisar por horários vagos e dias disponíveis para agendar as consultas e exames que são recorrentes e previsíveis
Por meio de	Utilização de notificação por mensagens no dispositivo do segurado, considerando a integração dos sistemas de gestão de consultas e exames com os processos automatizados e a utilização de regras de negócio para fazer a gestão preditiva do calendário de especialistas e segurados
Resultando em	Maior confiança dos familiares e do segurado sobre o seu estado de saúde e uma tranquilidade acrescida pelo monitoramento constante e mais interativo que o relógio inteligente proporciona.

Considerações finais sobre as hipóteses

Se você estiver com um novo grupo aplicando o método CCBXD, é importante deixar as equipes fazerem os trabalhos da primeira hipótese, corrigir, comentar e, depois, orientar para preencher a próxima hipótese.

Em uma primeira utilização, é comum e esperado que os participantes ainda tenham a preponderância da perspectiva interna — uma visão mais funcional e procedural.
Esse viés corporativo pode ficar bastante visível durante o primeiro preenchimento. Além disso, a correção das hipóteses pode levar muito mais tempo dependendo do quão interna é a perspectiva do grupo.

Ao longo dos anos de prática, pude perceber e compilar alguns focos mais predominantes entre os participantes. Prepare-se, a lista é grande:

Foco no processo, no investimento financeiro, no controle, nos colaboradores, na avaliação interna, no desempenho percebido, na qualidade, no preço, na rentabilidade, na dificuldade de fazer a solução virar realidade, no quanto não sabemos, na tecnologia percebida, na tecnologia desejada, na tecnologia existente e, finalmente, o foco em justificar o próprio cargo ou função na empresa.
Com mais entendimento e envolvimento dos participantes no foco do cliente, ficará perceptível o benéfico reajuste de foco. Obviamente, os focos mais tradicionais continuam a existir em suas mentes, porém, adicionaram-se novos.
Dos novos pontos focais, podemos destacar um contagiante movimento dos membros das equipe para dar mais ênfase ao foco na experiência emocional do utilizador, mais foco no custo para o cliente, na facilidade de ter a solução, na simplicidade de

uso, na economia de tempo para o cliente, na capacidade da solução em resolver os problemas e realizar os trabalhos desejados, no prazer oferecido e na relevância emocional, nos momentos da verdade e, finalmente, o foco na jornada como um todo e como essa história se desenvolve ao longo do caminho.

Ainda sobre o poder de detalhar as hipóteses, se fizermos o trabalho bem feito, é incrível ver que os participantes entendem que os pontos de contato e os canais ganham nova e maior relevância durante a evolução da jornada e as ações dos clientes são percebidas como os momentos da verdade.

Ao detalhar as hipóteses, ficará muito mais evidente como é importante conseguirmos ajustar os processos organizacionais (processos internos) e dos parceiros (processos externos) para viabilizar as melhores experiências para os nossos clientes.

Feitas as considerações finais, vamos seguir adiante e começar a próxima etapa, que é igualmente importante e fronteiriça da materialização da jornada em uma visão geral completa e com a atratividade de um Canvas.

Etapa 7

Descrever Mudanças

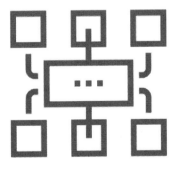

Ao entrarmos na etapa 7 - Descrever Mudanças, veremos como podemos descrever em três dimensões as mudanças que impactam diretamente a utilização, o meio e a estrutura das soluções projetadas para a Persona.

Na descrição das mudanças necessárias aplicamos mais um poderoso e útil filtro nas ideias de solução. Nesta etapa, veremos quais os desafios previstos e que precisam ser superados para conseguirmos entregar as promessas de valor para os nossos clientes.
Este é o penúltimo filtro do método antes de termos a definição de um verdadeiro projeto organizacional com mais chances de sucesso.
Resumidamente, cobrimos até este momento no método:

1- Entendemos melhor os segmentos de cliente que interessam para a organização e as suas particularidades;

2- Entendemos quais são os trabalhos que a Persona precisa realizar e como podemos ajudá-la para facilitar o alcance dos seus objetivos;

3- Consideramos mais detalhes sobre os objetivos da Persona e definimos o que é entendido como sucesso;

4- Conhecedores das características da Persona, seus objetivos e o que pode representar o seu sucesso, seguimos princípios de experiência do cliente e desenvolvemos soluções orientadas por um roteiro prático de itens que devemos considerar;

5- Desenvolvemos a jornada do cliente, que é um cenário hipotético sobre a realização de uma sequência de ações que o cliente precisa realizar para alcançar determinados objetivos;

6- Avaliamos cada uma das hipóteses que orientam e sustentam as soluções planejadas para as ações do cliente em cada ponto de contato no qual a ação é realizada;

7- Agora, na sétima etapa, vamos verificar o que está envolvido na viabilidade de alcance de sucesso das soluções considerando as mudanças necessárias no comportamento do cliente (a utilização), as alterações no ponto de contato que realiza as interações com o cliente (o meio) e, finalmente, as alterações necessárias nos processos que viabilizam as interações em cada ponto de contato (a estrutura).

Alcançamos o estágio mais avançado na construção e validação das soluções utilizando o método CCBXD.
Esta é a etapa que auxilia a equipe na percepção final sobre a complexidade, as dificuldades ou as facilidades que teremos para tornar as ideias em projeto e o projeto em realidade.

De posse de todos os documentos criados até este ponto do método e necessários para o próximo passo, observe a tabela dedicada a descrever as mudanças na próxima página e siga em frente. Explicarei cada um de seus elementos logo após a tabela.

Tabela para descrever as mudanças necessárias

Method CCBXD® by Gart Capote

Tabela de Mudanças

Ação do Cliente	Mudança de Comportamento	Mudança de Ponto de Contato	Mudança de Processo
Ação da Jornada	*Forma de Uso*	*Meio Disponível*	*Estrutura Necessária*
	Descrever se existem mudanças necessárias no comportamento do cliente. Preponderância do foco do cliente	Descrever se existem mudanças necessárias no meio de interação utilizado pelo cliente. Preponderância do foco no cliente	Descrever se existem mudanças necessárias nos processos que viabilizam o meio de interação utilizado pelo cliente. Preponderância do foco organizacional interno

Vamos entender o objetivo e a forma de preenchimento de cada elemento da tabela e reforçar a compreensão de sua utilidade prática e influência na tomada de decisão sobre o que vai continuar, o que ainda pode precisar de ajustes e o que precisaremos abandonar para que a solução torne-se uma iniciativa organizacional.

Ação do Cliente

Esta linha é dedicada a recuperarmos e inserirmos a ação do cliente realizada na jornada e que está na tabela de hipóteses (etapa 6). Não faça alterações no nome da ação.

Mudança de Comportamento

É bastante comum encontrar alguma dificuldade inicial dos participantes ao tentar descrever essas mudanças.

Para diminuir a dificuldade, vamos explicar o que queremos e precisamos descrever neste campo da tabela.

Neste caso, quando falamos de mudança de comportamento, queremos saber, objetivamente, se o cliente precisará se comportar diferente do que ele está habituado para conseguir realizar a ação prevista naquele ponto de contato.

Todas as vezes que a solução criada depende de mudança no comportamento dos clientes, estamos diante de uma solução que, se não for trabalhada adequadamente, pode ter grandes dificuldades para ser incorporada e, por isso, tende a ter baixa adesão.

Vamos lembrar de algumas soluções que são muito dependentes da mudança na forma de uso do ponto de contato, ou seja, são muito dependentes do comportamento dos clientes:
- Restaurante *self-service*
- Compras *online*
- Aplicativos de transporte de pessoas
- *Sites* de compartilhamento de imóveis

Existem inúmeros produtos e serviços no mercado que exigem que o cliente tenha um certo tipo de comportamento diferente do que é previsto nas soluções alternativas/concorrentes. Normalmente, esses comportamentos podem ser ensinados aos clientes e dependem do aumento de confiança na marca/produto/serviço e no ponto de contato no qual haverá a interação.

Para finalizar essa explicação, gosto de trazer um exemplo prático e real: a minha mãe.

Apesar de ela já passar dos setenta e poucos anos, minha mãe utiliza as redes sociais com regularidade e assiste vídeos no YouTube e filmes na Netflix. Porém, quando é para pagar contas usando uma aplicação no celular ou na página do banco na internet, pode tirar o seu cavalinho da chuva. Ela imprime o boleto e vai ao banco.

Para ela, além do medo de fraude causado pela pouca segurança que sente em relação a transações *online*, o boleto estará inquestionavelmente pago apenas quando, na folha do boleto, estiver impresso o código que é gerado pelo caixa do banco ao passar o papel pelo equipamento que eu não sei o nome e faz um barulhinho de impressora matricial (talvez seja esse o nome do equipamento). Ou seja, para a Persona "Minha mãe", uma solução que a obrigue a utilizar apenas meio de pagamento digital, pode tornar a utilização e a conquista de sua confiança muito mais difíceis. Novamente, o recado aqui é: não temos uma solução ideal. Temos soluções mais ou menos interessantes para cada tipo de Persona.

Um cliente mais jovem, na faixa dos vinte anos de idade, por exemplo, nem deve saber do que estou falando sobre caixa e impressora matricial. Provavelmente, a primeira conta que ele abriu em banco já foi 100% digital. Para ele, nem existe outro tipo de relação com bancos. Sendo assim, evidencie qual a mudança prevista para que a solução tenha sucesso para a jornada da Persona escolhida. Seja objetivo ao descrever.

A seguinte regra de preenchimento vale para as três dimensões de mudança da tabela:

Se existe mudança entre a realidade atual e realidade futura, proposta pela solução, descreva a diferença no campo dedicado a cada dimensão.

Veremos no exemplo da Persona Maria como podemos preencher todos os campos da tabela.

Mudança de Ponto de Contato

Se, no campo de mudança de comportamento, nos preocupamos em entender e descrever o que será necessário para que o cliente utilize a solução, no campo de mudança de ponto de contato descreveremos se existe mudança no meio que permite a interação.

Lembrando que ponto de contato é o meio que permite a interação do cliente em um determinado canal de comunicação da empresa, vamos ver um exemplo:

Se hoje o cliente utiliza a página da empresa para fazer pedidos ao preencher um formulário de compra, o formulário é o ponto de contato do canal página na internet. Se uma nova solução eliminar o formulário de compras ao disponibilizar as funcionalidades de uma loja *online* com carrinho de compras, a mudança no ponto de contato é bastante significativa.

Nesse caso, até mesmo a mudança de comportamento precisaria ser considerada, pois o cliente não estava acostumado com essa prática e agora precisará confiar na nova forma de comprar.

Ou seja, não apenas o ponto de contato, mas o cliente também será envolvido para que a mudança seja um sucesso prático.

Mudança de Processo

Finalmente, quando chegamos na coluna para detalhamento de mudanças de processo, já preenchemos as outras duas dimensões e é chegada a hora de evidenciar as implicações operacionais para a empresa e seus parceiros.

Se nas dimensões de comportamento e ponto de contato tivemos as perspectivas "do" e "no" cliente com mais preponderância, na coluna dedicada ao detalhamento das mudanças nos processos, teremos a perspectiva mais interna e organizacional orientando o entendimento e a descrição.

Nesta coluna devemos apontar, em linhas gerais, quais são os ajustes necessários nos processos existentes e/ou se teremos que criar novos.

Vamos seguir com o exemplo anterior sobre a compra *online* pelo *website* da empresa. Neste caso, se antes a empresa vendia com o uso de formulários, provavelmente, havia ao menos uma pessoa na organização dedicada a dar andamento nos pedidos gerados pelo formulário. Ao projetar a solução que elimina os formulários e cria uma loja *online*, precisamos evidenciar quais são os processos impactados e envolvidos diretamente nessa adaptação/transformação. Obviamente, se não tivermos o conhecimento sobre os processos organizacionais envolvidos nesse cenário, devemos convidar os profissionais que entendem sobre o tema e podem orientar o preenchimento mais preciso deste campo da tabela.

Muitas mudanças em processos poderão orbitar um núcleo de adaptações que envolvem abordagens recorrentes, tais como: digitalizar papel, eliminar papel, integrar sistemas, eliminar interação/intervenção humana, automatizar processos e regras, terceirizar para parceiros, internalizar processos de parceiros e orientar ajustes nos sistemas.

Tanto as mudanças em processos quanto as mudanças em pontos de contato podem envolver adaptações, melhorias e transformações analógicas (físicas) e/ou digitais.

Para continuar com a evolução do método utilizando o exemplo da jornada para a Persona Maria, esta seria uma descrição da ação na tabela de mudanças.

Tabela com Mudanças necessárias para a ação da jornada

Ação do Cliente	Mudança de Comportamento	Mudança de Ponto de Contato	Mudança de Processo
Confirmar Consulta	- Entender o uso do relógio inteligente - Confiança na gestão de exames e consultas pela seguradora - Entender e realizar a ação de confirmar consultas e exames pelo website da seguradora	- Nova interface com usabilidade mais amigável e simples para o segurado - Login com biometria e/ou acesso simplificado	- Integração dos sistemas de gestão de consultas e exames - Interface de comunicação com relógio inteligente - Levantamento e descrição das regras de negócio - Processo de gestão de consultas e exames automatizado - Novo serviço de apoio ao segurado - Capacitação de colaboradores e especialistas

Method **CCBXD**®
by Gart Capote®

Tabela de Mudanças

Considerações finais sobre as mudanças

Muito cuidado para não cair na armadilha de transformar a tabela de mudanças em uma versão sem graça de um bingo. O objetivo não é marcar um "X" na coluna de mudança relacionada com a ação da jornada.

CCBXD Tabela de Mudanças			
Ação do Cliente	Mudança de Comportamento	Mudança de Ponto de Contato	Mudança de Processo
Ação da Jornada			X
Ação da Jornada	X		X
Ação da Jornada		X	
Ação da Jornada	X		
Ação da Jornada	X		X
Ação da Jornada		X	X
Ação da Jornada			X
Ação da Jornada	X		

Tabela bingo de Mudanças - não queremos

Devemos utilizar essa singela e poderosíssima tabela para criar um mapa que nos auxiliará muito ao concebermos um projeto para viabilizar tudo o que foi pensado, refinado, validado e aprovado ao longo das etapas do método CCBXD.

Se fizermos um bom trabalho de preenchimento da tabela de mudanças, pode ter certeza, os participantes entenderão a importância do esforço e o objetivo maior de "reavaliar" as dificuldades envolvidas para entregar operacionalmente as soluções entendidas como interessantes e projetadas para a jornada do cliente de cada Persona.

Como fizemos nas etapas anteriores, dê continuidade ao exercício de utilização do método.

Utilize a tabela de mudanças e preencha na coluna da esquerda cada uma das ações que a Persona realiza na jornada.
Depois, ação por ação, avalie e descreva se existem e quais são as mudanças necessárias nas dimensões de comportamento, ponto de contato e processo.

Não faça o bingo de mudanças. Dedique um tempo, seu e da equipe, para que todos entendam as mudanças necessárias e consigam ajudar na definição de se a abordagem continua válida, interessante e, principalmente, viável.

Quando disse que não começamos pelo Canvas, a ausência desse trabalho prévio é um dos principais motivo.
Evite a extrema superficialidade na abordagem. Você corre o risco de tornar as sessões de projeto em sessões de, apenas, entretenimento lúdico.

Lembre-se: uma coisa é facilitar uma sessão que vai colar na parede uns post-its durante a dinâmica de grupo. Outra coisa, muito diferente, é conduzir com seriedade e leveza a produção de informações que são relevantes e necessárias para a aprovação de um projeto real com transformação da experiência do cliente e dos resultados organizacionais.

A tabela de mudanças pode servir como o primeiro mapa de complexidade e riscos para um projeto que ainda será definido e aprovado.

Faça bom uso da tabela e não subestime esta etapa.

Etapa 8
Construir Canvas

E chegamos na última etapa do método. O CCBXD foi criado para ajudar-nos a desenvolver soluções com o foco do cliente (1) e aplicá-las em uma jornada de relacionamento (2), com validações importantes (3) e que refinam a construção do que viabilizará a entrega de experiências memoráveis (4).

Parabéns por continuar firme na leitura e entendimento de todos os elementos utilizados para construir esta abordagem prática e orientadora. Espero que você também esteja fazendo os exercícios propostos. Finalmente, vamos produzir o Canvas que consolida e materializa a jornada do cliente e todos os elementos que analisamos e consideramos até chegar neste ponto. É possível começar a construção da jornada do cliente pelo Canvas? Certamente.
É aconselhável? Somente se os participantes conhecem os conceitos e princípios de CX e sabem que as etapas do método ainda serão necessárias para transformar as ideias em projeto.
Muito cuidado nesta etapa. É comum o impulso de iniciar pelo Canvas, eu entendo. Para você verificar se pode começar ilustrando a jornada, responda estas perguntas fundamentais:

1- Quais são os diferentes tipos de clientes **atuais**?
2- Quais são os **novos** tipos de clientes em potencial?
3- O que os **novos** e os **atuais** clientes objetivam neste momento?
4- Nossas **soluções** refletem o que os clientes objetivam?
5- Para qual **Persona** construiremos a jornada?
6- Qual o **cenário** descrito no objetivo da jornada?
7- Quais são as **soluções** que a jornada vai oferecer?
8- Concordamos sobre quais **problemas** devem ser resolvidos?

Se você já tiver as respostas bem definidas para essas perguntas, siga em frente e abra o Canvas. Se não é o caso, comece pelo começo do método, tenha fé e confie no processo. Tenha em mente que o Canvas é uma ferramenta poderosa para materializar a jornada do cliente e permite começar a "pensar com as mãos" — técnica muito interessante e que pode ser desenvolvida. Fica já a dica de leitura de Manual Thinking — *A ferramenta essencial para gerir o trabalho criativo em equipe*. O super amigável livro de Luki Huber e Gerri Jan Veldman traz uma abordagem muito interessante e intuitiva que pode nos auxiliar bastante na condução de sessões de jornada do cliente.

Customer Journey and Process Integration Canvas - CJPI
Quando criei o Customer Journey and Process Integration Canvas (CJPI), tive a intenção de desenvolver uma ferramenta simples, visual e que nos permitisse observar a solução como um todo. Sendo assim, criei o Canvas para funcionar como um modelo com uma visão integrada de ponta a ponta, que valida a evolução da proposta de solução e prepara para a entrada na possível fase de projeto e prototipagem.
Lembre-se de que o CJPI é uma ferramenta lúdica e interativa para a equipe, mas o seu conteúdo já foi apresentado e utilizado durante a etapa 5 - Construir Jornada. Assim sendo, além do conteúdo da tabela de jornadas, também seguimos a mesma mecânica de preenchimento.

Como vimos na tabela de jornada, a solução construída para a Persona é tratada ação por ação e com um ponto de contato por canal. Definir qual ponto de contato do canal que será representado na jornada funciona como um primeiro "filtro de foco" para a grande aventura organizacional de tentar se tornar *Omnicanal ou Multicanal*. Não é simples e isso ficará evidente ao longo da jornada. Afinal, mais importante que ter presença em todos os canais é ter a capacidade constante de entregar experiências positivas ao realizar os trabalhos que os clientes precisam. Na próxima página, vamos conhecer o Customer Journey and Process Integration Canvas (CJPI).

Customer Journey & Process Integration Canvas - CJPI

	Persona		Sucesso da Jornada					Versão

Persona

Canal

Ponto de Contato

Tipo de Trabalho
- L
- N
- T

Reação
- P
- I
- N

Processo Externo

Processo Interno

TI

Customer Journey &
Process Integration
Canvas

Method
CCBXD®
by Gart Capote

Como você deve ter percebido, excetuando as duas linhas com Problemas e Soluções, o CJPI possui todos os outros elementos da tabela de jornada da etapa 5. Não adicionei essas duas linhas para manter o Canvas o mais visual possível, evitando grandes declarações textuais.

Por seguir exatamente a mesma lógica da tabela de jornada, não precisamos explicar novamente a mecânica de preenchimento, apenas trago uma referência visual para a sequência de uso. Veja a seguir.

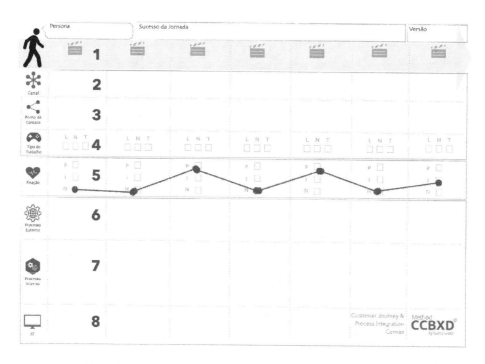

Referência para a sequência de preenchimento do CJPI

Continuamos com o preenchimento da esquerda para a direita, de cima para baixo, coluna por coluna e com apenas um ponto de contato por canal.

Repare no item 5 - Reação. Abreviamos as palavras: positivo (P), indiferente (I) e negativo (N). Assim, facilitamos a construção e deixamos o item bem mais visual.

Após preencher todo o Canvas CJPI, como prática aconselhável, procure conectar as reações que foram marcadas e crie um poderoso gráfico de evolução emocional da jornada. Ele sempre é muito útil para nos ajudar a identificar pontos de falha e interações que ainda são incapazes de entregar uma experiência positiva para os nossos clientes.

Além disso, e seguindo a regra de *Peak-End*, mesmo que tenhamos falhado em alguma interação ao longo da jornada, devemos sempre tentar finalizar as interações com uma reação/percepção mais positiva possível para os nossos clientes. Nem sempre é possível, mas esse é um conceito interessante de termos em mente.

Segundo a economia do comportamento, muito apoiada pela neurociência moderna, os pontos altos e os últimos registros emocionais positivos ajudam a atenuar a lembrança de registros de experiências anteriores não tão agradáveis. De acordo com essa constatação, não racionalizamos as experiências em busca de uma média geral sobre todas as interações. Os extremos são mais poderosos nos registros emocionais.

Entenda que a regra de *Peak-End* não existe para iludir o cliente, mas para nos ajudar a fazer de tudo para remediar a situação e entregar o melhor, nem que seja, literalmente, a última coisa que faremos.

Ainda sobre o Canvas CJPI, utilize-o para consolidar as soluções alcançadas e validadas ao longo do método. Você pode imprimir a folha em variados tamanhos, escrever diretamente nele, utilizar post-it, fique à vontade.

O mais importante é sempre lembrar que, por trás do Canvas, existem oitos etapas estruturadas e evolutivas que nos ajudam de maneira ágil e colaborativa a compor e combinar soluções que são mais interessantes para os clientes e, por isso, possuem mais chance de sucesso para o negócio das organizações modernas.

CJPI com BPMN

Apenas para ilustrar outra forma de uso do Canvas CJPI, em projetos para organizações que já utilizam BPMN na modelagem e gestão de processos, também faço a transposição dos conceitos da jornada e do método e criamos um "Canvas" CJPI utilizando a BPMN 2.0 e respeitando toda a especificação.

Não vamos tratar desta transposição aqui nesta obra. Além de aplicar em projetos, também ensino meus alunos em cursos como eles podem fazer o mesmo.

Veja a seguir uma amostra de uma jornada utilizando BPMN e realizada em projetos mais recentes (desde 2019).

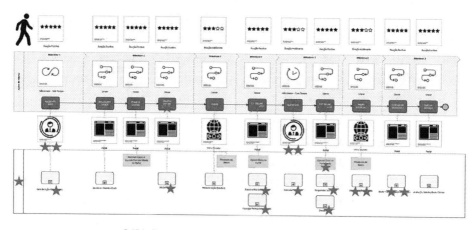

CJPI Canvas com elementos da BPMN 2.0

Para os colegas que atuam com processos e gestão, não apenas para orientar projetos de Transformação Digital e Customer Experience, transpor o Canvas para a notação BPMN será de grande utilidade prática e cria uma biblioteca de jornadas integradas aos processos já na camada de modelagem, independentemente do *software* de BPM que se utiliza na organização.

A curva de adaptação é muito pequena e rapidamente as equipes começam a projetar, validar e manter jornadas combinadas com notação de processos, mas sem perder o foco do cliente.

Considerações finais sobre o método CCBXD e o livro

A experiência do cliente, que é resultante da soma dos momentos da verdade, precisa ser entendida com mais clareza, objetividade e, ao final, também deve evidenciar os processos envolvidos em cada interação com os clientes.

Só assim teremos condições para redefinir os pontos de mudança, os esforços e os resultados necessários aos processos organizacionais, nas tecnologias de suporte e na orientação do desenvolvimento das pessoas envolvidas.

CCBXD é resultante da prática e do constante estudo sistêmico, capaz de compreender a complexidade emocional e operacional que existe nas relações entre os clientes e as empresas, considerando diferentes pontos de contato, produtos, serviços, valores, processos, tecnologias e Personas.

Faça um teste na organização em que você está. Pode chamar de *assessment* se você preferir, mas o objetivo é descobrir a verdade. Chega de ilusão.

Existe um momento na organização, independentemente do seu tamanho ou tipo, em que não adianta mais focar em apenas reduzir custos, eliminar desperdícios, defeitos, automatizar tarefas ou qualquer outra melhoria preponderantemente funcional. Nesse momento organizacional, se os produtos e serviços não estiverem alinhados com o que os clientes desejam, necessitam, ou são obrigados a fazer, praticamente, nenhum outro ajuste operacional interno terá grande relevância nos resultados. Em um cenário mais previsível, e no curto prazo, as abordagens de melhoria puramente operacionais, certamente, trazem algum nível de satisfação e produzem resultados. Porém, vimos que, se essa satisfação interna não for traduzida em satisfação externa — a satisfação para os clientes — em médio prazo, esses mesmos clientes encontrarão empresas que melhor entendem e atendem às suas vontades e necessidades. Sendo assim, antes de pensar e avançar para a realização de novos investimentos em tecnologia, na contratação de pessoas ou qualquer outro tipo de investimento organizacional, é preciso reunir os líderes das áreas de negócio, os diversos especialistas em clientes que lá habitam, os membros da alta administração e fazer algumas importantes perguntas, mas sem ficar com medo das respostas que receberemos. Precisaremos perguntar para todos esses convidados:

1- Quais são os diferentes tipos de clientes **atuais**?
2- Quais são os **novos** tipos de clientes em potencial?
3- O que os **novos** e os **atuais** clientes objetivam neste momento?
4- Nossas **soluções** refletem o que os clientes esperam?
5- Os clientes atuais **apreciam as experiências** conosco?
6- Os novos clientes **apreciarão**?

Devemos, periodicamente, fazer esse exercício coletivo de humildade organizacional-estratégica. Muitos até podem olhar para essas perguntas e achar que a resposta é muito óbvia e já está bem consolidada na cabeça dos diversos líderes de áreas de negócio. Depois de muitas horas de prática, posso dizer que tenho uma notícia não tão boa para quem acredita nisso.
Nos últimos cem anos, conforme as empresas isolaram-se e consolidaram-se em silos funcionais, os gestores e os líderes de negócio aprenderam, atuaram e ainda pensam conforme esse grande paradigma organizacional mundial.
Essa linha de pensamento foi ensinada de uma mesma forma, seguindo quase sempre as mesmas fontes de referência e está presente desde o início de suas formações profissionais.
Ou seja, uma enorme parcela desses profissionais, simplesmente, enxerga e responde apenas por uma pequena fração do negócio. Encontraremos nas respostas desses profissionais apenas uma equivalente fração de informação sobre a compreensão do todo.
Em boa parcela das organizações, esse ainda é o papel desses gestores e líderes até hoje, focar na especialização no trabalho

para garantir a produtividade. Portanto, e apesar da informação incompleta, ou fracionada, ainda assim, será com o alcance dessas respostas que teremos mais condições de identificar os pontos fracos da organização.

Obviamente, também será preciso contar com algum tipo de auxílio mais especializado em mercado, experiência do cliente e outras habilidades e competências que são necessárias para a organização reunir uma equipe especial e agir rapidamente para ajustar o que é verdadeiramente importante.

Um ponto de atenção nesse momento: é muito comum encontrar grande desconforto nas pessoas envolvidas no processo de auto-avaliação organizacional. Esse mesmo desconforto é a causa raiz para muita insegurança e muitos bloqueios.

Portanto, saiba que este processo de autoavaliação e humildade organizacional precisa cuidar da forma como passaremos pelas etapas previstas desde a negação até o envolvimento.

O objetivo desse esforço não é promover uma moderna caça às bruxas, mas descobrir o quanto sabemos e o quanto ainda precisamos aprender sobre nossos clientes. Afinal, queremos promover um realinhamento do corpo organizacional para permitir uma melhor fluidez em direção ao que realmente importa para os nossos clientes.

É o equivalente a realizar uma quiropraxia organizacional que precede e permite realizar os outros tratamentos necessários.

O método CCBXD é um poderoso guia para nos orientar nessa intensa jornada de poderosas descobertas e mudanças.

Use sem moderação.

Method CCBXD® by Gart Capote

	1 Entender Cliente	2 Entender Trabalhos	3 Descrever Objetivos	4 Desenvolver Soluções	5 Construir Jornada	6 Detalhar Hipóteses	7 Descrever Mudanças	8 Construir Canvas
Objetivo	*"Conectar para diferenciar"*	*"Encontrar as Oportunidades"*	*"Estabelecer o sucesso"*	*"Transformar valor em solução"*	*"Projetar as experiências"*	*"Refinar os elementos"*	*"Entender os desafios"*	*"Consolidar o novo mapa"*
O que fazer	Entender e segmentar melhor para conseguir diferenciar	Analisar desejos, necessidades e obrigações para identificar oportunidades	Convergir os entendimentos em uma declaração coesa e inequívoca	Elaborar soluções por segmento, desafios e oportunidades	Desenvolver e avaliar a evolução das experiências necessárias	Avaliar a capacidade das soluções ao longo da jornada	Evidenciar complexidade e viabilidade das mudanças	Produzir mapa visual sobre a jornada e as experiências
Como fazer	• Coletar informações • Analisar • Partilhar • Conectar • Preencher a Ficha de Personas	• Entender Trabalhos e Atividades de Consumo • Utilizar a Tabela de Trabalhos e Dimensões	• Definir Dimensões de Avaliação - Os resultados esperados • Utilizar indicadores tipo OKR	• Exercícios prévios para Desbloqueio Criativo • Aplicar o roteiro de Criação de Oferta • Materializar as ideias	• Utilizar o guia para criar a Jornada do Cliente Integrada aos Processos Organizacionais	• Utilizar a Tabela de Orientação e Validação de Hipóteses	• Utilizar a Tabela de Orientação e Validação dos diferentes tipos de Mudanças	• Utilizar o Canvas CJPI para construir a visão geral da Jornada por Persona e as Experiências envolvidas
Conceitos e Princípios relacionados	• Segmentação de Clientes • Representação de Personas • Foco do cliente	• Jobs to be done • Economia do Comportamento • Simpatia, Compaixão e Empatia	• Customer Centricity • A Frase Perfeita • Jobs to be done • OKR • Lista com 10 Princípios	• Customer Centricity • Design Thinking • Customer Experience • Lista com 10 Princípios	• Customer Experience • Lista com 10 Princípios • Foco do Cliente	• Foco do Cliente • Customer Experience • Personas • Pontos de Contato	• Elementos da Jornada - Ações, Comportamentos, Pontos de Contato e Processos	• Customer Centricity • Customer Experience • CJPI • Foco do Cliente
Produtos gerados	Perfil no Catálogo de Personas	Fichas de Trabalhos e Dimensões	Objetivos e Resultados Esperados	Novo item no Catálogo de Soluções	Nova Jornada do Cliente	Fichas de Hipóteses por Ponto de Contato e Interação	Fichas de Mudanças por Ponto de Contato e Interação	Canvas com a Jornada do Cliente

Tabela Resumo do Método CCBXD

Uso do Método CCBXD para o cenário Atual (As Is) e cenário Futuro (To Be)

Etapas do Método CCBXD

AS IS

TO BE

Referências

Experiência do Cliente e correlatos

- Watkinson, Matt - The 10 principles behind great customer experiences, 2013
- Watkinson, Matt - The Grid, Penguin Random House, 2018
- Towers, Steve - Outside-in. The Secret of the 21st Century Leading Companies, BP Group Publishing, 2010
- Huber, Luki - Manual Thinking, Casa das Letras, 2019
- Thaler, Richard H. - Misbehaving, Intrínseca, 2019
- Kahneman, Daniel - Rápido e Devagar, Objetiva, 2011
- Ulwick, Anthony W. - Jobs To Be Done, Idea Bite, 2016
- Walters, Jeannie - Creating a Positive Customer Experience, 2019
- Walters, Jeannie - Customer Experience Journey Mapping, 2019
- Revella, Adele - Buyers Personas, 2015
- Werbach, Kevin - For the Win, 2012
- Goodman, John - Customer Experience 2.0, 2014
- Ozguven, Cem - Human Minded Care, 2019

Relatórios e Artigos de Empresas sobre CX e correlatos

- Matriz CX - Unlock the Value of CX, 2017
- Qualtrics XM Institute - The Six Laws of Customer Experience, 2018
- McKinsey - The CEO guide to CX, 2016
- McKinsey - Linking Customer Experience to Value, 2019
- McKinsey - Developing a Customer Experience Vision, 2019
- McKinsey - From Touchpoints to Journeys - 2019
- Bain & Company - Customer Episode Design, 2018
- Bain & Company - Experience Dashboards, 2019
- Bain & Company - One-to-One Marketing, 2019

Neurociência e Economia do Comportamento

- Solarz, Silvina Catuara - Os Neurônios Espelho. Aprendizagem, imitação e empatia, 2019
- Bote, Rubén Moreno - Como tomamos decisões. Os mecanismos neuronais da escolha, 2018
- García, Emilio - Somos a nossa memória. Recordar e esquecer, 2018
- Matute, Helena - A mente engana-nos. Desvios e erros cognitivos que todos cometemos, 2019
- Triglia, Adrián - O que é a inteligência? Do QI às inteligências múltiplas, 2019
- Bruner, Emiliano - A evolução do cérebro humano. Uma viagem entre fósseis e primatas, 2018
- Cortrufo, Tiziana e Ureña, Jesús Mariano - O cérebro e as emoções. Sentir, pensar, decidir, 2018
- Thaler, Richard H. - Misbehaving: A construção da economia do comportamento, 2015
- Kahneman, Daniel - Rápido e Devagar. Duas formas de pensar, 2011
- Lindstorm, Martin - A lógica do consumo: verdades e mentiras sobre por que compramos, 2008

Livros de Gart Capote

2011 - Guia para Formação de Analistas de Processos
2012 - BPM Para Todos
2013 - Medição de Valor de Processos para BPM
2015 - Guia para Formação de Analistas de Processos, 2ª edição
2017 - Fuja do Fluxograma
2018 - Dois Pontos
2020 - A Jornada do Cliente

Autor com mais de 1500 páginas dedicadas ao universo de gestão por processos (BPM) integrada a experiência do cliente (CX) para desenvolvimento do Design de Experiência de Negócio (BXD).

Conheça os livros e saiba sem mais em
www.GartCapote.com
Livros, Formação e Consultoria Internacional

Business Experience Design International Alliance
www.BXD-ia.org